O Despertar da Intuição

CB143156

James
VAN PRAAGH

O DESPERTAR DA INTUIÇÃO

Desenvolvendo o seu sexto sentido

SEXTANTE

Copyright da tradução para o Português © 2003, GMT Editores Ltda.
Publicado originalmente com o título *Heaven and Earth.*
Copyright © 2001 por Spiritual Horizons, Inc.
Todos os direitos reservados. Publicado em acordo com
Simon & Schuster Source, uma divisão da Simon & Schuster, Inc.

tradução
Ebréia de Castro Alves

preparo de originais
Regina da Veiga Pereira

revisão
Antonio dos Prazeres
Sérgio Bellinello Soares

projeto gráfico e diagramação
Valéria Teixeira

capa
Raul Fernandes

fotolitos
R.R. Donnelley Mergulhar

impressão e acabamento
Lis Gráfica e Editora Ltda.

CIP-BRASIL. CATALOGAÇÃO-NA-FONTE
SINDICATO NACIONAL DOS EDITORES DE LIVROS, RJ.

V297d Van Praagh, James
O despertar da intuição: desenvolvendo seu sexto sentido / James Van Praagh; tradução de Ebréia de Castro Alves. – Rio de Janeiro: Sextante, 2003.

Tradução de: Heaven and earth
ISBN 85-7542-050-X

1. Percepção extra-sensorial. 2. Espiritismo. I. Título.

03-0211. CDD 133.8
CDU 133.3

Todos os direitos reservados, no Brasil, por
Editora Sextante (GMT Editores Ltda.)
Rua Voluntários da Pátria, 45 – Gr. 1.404 – Botafogo
22270-000 – Rio de Janeiro – RJ
Tel.: (21) 2286-9944 – Fax: (21) 2286-9244
Central de Atendimento: 0800-22-6306
E-mail: atendimento@esextante.com.br
www.esextante.com.br

PARA ETHEL

Que me fez vislumbrar o céu,
enquanto caminhávamos
juntos na Terra

SUMÁRIO

PREFÁCIO

Desde a publicação de meu primeiro livro, *Conversando com os Espíritos*, em 1997, tenho tido a felicidade de viajar pelo mundo e partilhar a mensagem de que há vida após a morte. Continuo me surpreendendo com a quantidade de pessoas ansiosas em aprender mais sobre os fenômenos mediúnicos. Embora muitas conheçam certas palavras-chave, como telepatia, clarividência, aura e entidade, não compreendem exatamente o que significam. Muita gente nunca experimentou essas coisas, e outras as vivenciam, mas não sabem identificar o que são. Sessões e seminários com médiuns e filmes como *O Sexto Sentido* intensificam nossa curiosidade sobre o mundo espiritual. As pessoas querem fazer contato com os entes queridos que se encontram em outra dimensão e procuram confirmar suas experiências com os espíritos. Querem ter certeza de que essas experiências são *reais*, e não criações de sua imaginação.

Este livro vai procurar ajudar você a aprender o máximo possível sobre o mundo espiritual, para decidir o que lhe parece verdadeiro ou falso. Baseado em minha experiência, espero ensinar-lhe a desenvolver suas habilidades mediúnicas básicas e a aguçar seu sexto sentido. No livro incluo depoimentos de pessoas que entraram em contato com anjos e que foram visitadas por guias espirituais.

O mais importante é que você vai encontrar exercícios que pode utilizar para aumentar sua percepção mediúnica. Não ofereça resistência, mantenha-se flexível e de mente aberta. É possível que algumas experiências na sua jornada sejam incomuns ou perturbadoras, mas, à medida que for prosseguindo, você aprenderá a compreendê-las e a lidar com elas. Cada pessoa se desenvolve de acordo com sua própria maneira e em seu próprio ritmo. Não desanime se as coisas não acontecerem imediatamente. Lembre-se: precisei de anos de tentativa e esforço, errando e acertando, para chegar aonde estou hoje. À proporção que você desenvolver seu talento mediúnico, usá-lo lhe parecerá absolutamente natural.

Durante anos venho ensinando que a morte não é o fim da existência, nem algo a ser temido: existe realmente vida além deste mundo físico. A Terra é apenas parte de um vasto universo multidimensional. Seres espirituais de outros mundos estão perto de nós o tempo todo. Esses espíritos servem à população humana de muitas maneiras: como mestres, companheiros, inspiradores criativos e protetores. É preciso coragem para entrar em contato com o que está além de nosso mundo tridimensional, mas saber que existe algo superior é profundamente reconfortante. Quanto mais você se envolver com o mundo espiritual, mais seus hábitos e condicionamentos mudarão, e mais sentido terá sua vida.

Deixe que este livro seja um guia para desenvolver seus dons mediúnicos naturais, para sentir diretamente o contato espiritual, e para lhe dar a oportunidade de viver mais plenamente. A melhor coisa que posso desejar é que todos experimentem a profunda conexão entre o céu e a Terra. Espero que este livro os ajude a fazer isso.

1 O DESPERTAR
Percepção Mediúnica Através dos Sentidos

Viver em Nova York no final da década de setenta foi uma das experiências mais emocionantes e educativas de minha vida. Aluguei um apartamento e achei que finalmente era livre, e só tinha de prestar contas a mim mesmo. Não importava que o apartamento ficasse perto do Needle Park, local onde os viciados em drogas costumavam se encontrar. Nem que o ruído que eu ouvia à noite fosse de ratos correndo na mesa de minha cozinha. Nem que a vista da janela fosse o poço de ventilação de um velho elevador. Eu tinha pouco, mas tudo era meu.

Aos vinte anos, eu me sentia ansioso para ter sucesso na Big Apple. Ao me lembrar desse período, me dou conta de que morar nesse tipo de ambiente me ajudou a desenvolver a percepção a estímulos externos e à minha própria voz interior. Um rapaz vivendo numa área perigosa da cidade precisava estar sempre alerta e confiar em seus sentidos.

Nessa etapa da vida, eu ainda não estava envolvido com os fenômenos mediúnicos, principalmente a comunicação com o mundo espiritual. Tinha o que hoje reconheço como *sensações* especiais, mas não me preocupava muito com a área mediúnica. Porém, minha perspectiva sobre o "sexto sentido" logo se transformaria para sempre.

Na ocasião, eu estudava no Hunter College e trabalhava à noite como ajudante de palco na Broadway, para complementar minha renda. Quatro dias por semana, eu tomava o metrô até a Grand Central Station e depois baldeava para um trem que me levava à zona residencial da cidade e ao Hunter College, na Rua 68. Se me apressava, tinha um minuto para comprar um sonho na padaria que ficava um lance acima da plataforma, antes que chegasse meu trem. Eu costumava viajar no antepenúltimo vagão, onde encontrava sempre assentos vagos. Como o trajeto era curto, passava o tempo me deixando apenas embalar pelo balanço do trem.

Às vezes eu observava os passageiros, tentando adivinhar para onde se dirigiam e como seriam suas vidas. Uma ou duas outras pessoas faziam aquele percurso todos os dias e se sentavam nos mesmos lugares. Depois de vários meses fiquei conhecendo uma delas: seu nome era Millie Johnson, uma mulher negra de setenta e um anos, que media um metro e meio. Ela costumava dizer: "Quando jovem, eu era mais alta." Depois de certo tempo, Millie e eu esperávamos ansiosos nos ver todas as manhãs.

Com o correr dos meses, passamos a conhecer a vida um do outro. Millie morava sozinha. Seu marido, Horace, tinha "subido aos céus" anos antes. Millie tinha uma irmã gêmea, chamada Margie, que vivia em Atlanta, mas as duas não se falavam desde a morte do pai, vinte anos antes. Margie acusava Millie de ter fugido com a herança do pai. Eu achava que devia ter havido um mal-entendido e que elas podiam um dia reconciliar-se.

Millie adorava contar casos sobre seu adorado Horace. "Sei que ele continua tomando conta de mim", dizia ela. Também expressava o desejo de reconciliar-se com a irmã e lamentava não ter tido filhos. "Sei que essas foram as cartas que recebi e faço o possível para jogar bem com elas."

Certa segunda-feira, quando entrei no vagão do metrô, procurei por Millie, mas não a vi em lugar nenhum. Sentei-me, perguntando-me onde ela estaria, pois não costumava faltar. Passei o resto do trajeto lendo cuidadosamente o quadro de avisos acima dos assentos. Um cartaz me chamou a atenção: dizia PROCURAM-SE e estampava as fotos de dois homens que haviam atacado uma passageira. No momento em que olhei para o rosto deles, ouvi uma voz na minha cabeça dizer: "Leve-a para casa." Como não sabia o que isso significava, não prestei atenção e me esqueci do caso. Millie não apareceu durante toda a semana.

Na noite do domingo seguinte fiquei acordado até tarde, terminando uma dissertação. Fui para a cama às três da manhã e, quando o despertador tocou, virei para o lado e dormi de novo. Mas alguma coisa me empurrou para fora da cama, como se eu sentisse que precisava chegar logo ao colégio, e, apesar de estar atrasado, me aprontei e saí.

Às sete e meia entrei no vagão do metrô e me surpreendi ao ver Millie sentada. Ela me contou que recebera uma carta da irmã e que fora ao encontro dela para "curarem as feridas". Alegrei-me pelas duas, mas não pude deixar de achar estranho que ambos tivéssemos nos atrasado.

Ao saltar do trem, Millie voltou-se, acenando para mim. Nesse momento algo me empurrou para fora do meu assento e voltei a ouvir aquelas mesmas palavras: "Leve-a para casa." Sem saber o que elas significavam, obedeci ao comando, saí do trem e acompanhei Millie. Como era o final do inverno, ainda estava escuro na rua, por isso achei melhor andar com ela. Então *entendi* por que eu estava lá. A rua estava deserta, mas, quando dobramos a esquina, vi duas figuras sinistras abrigando-se do frio no vão de um prédio. Quando eles me olharam, ocorreu-me a idéia de que iriam me assaltar. Elas me pareceram conhecidas, sem que eu soubesse por quê. Simplesmente balancei a cabeça e rapidamente segui em frente com Millie. Cinqüenta metros adiante, me dei conta de onde tinha visto aqueles rostos: eram os dois homens que figuravam no cartaz do metrô.

Se não tivesse havido uma série de coincidências, e se eu não tivesse instintivamente obedecido àquela voz intuitiva, provavelmente Millie teria sido atacada.

Nossas intuições

Muitos de nós também temos pressentimentos e intuições que depois se confirmam. Às vezes o telefone toca e, antes de atender, você sabe quem está chamando. Ou talvez você tenha uma experiência do que se chama *déjà vu*: a sensação de já ter visto algo ou vivido uma situação que se repete no presente, sem que você saiba precisar quando ou onde foi. A maioria de nós já viveu esses tipos de experiência: eles são alguns dos exemplos mais simples de fenômenos mediúnicos. Imagine como sua vida seria muito melhor se você pudesse confiar nesse sentido interior para fazer as escolhas certas e ter sucesso na busca de seus objetivos.

Acredito que *todos* possuem percepção mediúnica, mas poucos têm paciência, compreensão ou, talvez, vontade de desenvolvê-la. Embora desde jovem eu já tivesse esse talento e visse coisas que outros não viam, só desenvolvi minha habilidade mediúnica ao máximo quando me tornei adulto. Com a ajuda de pessoas dotadas do mesmo poder e de livros sobre o assunto, comecei a aprender a penetrar no mundo dos espíritos sempre que quisesse. Muita paciência e anos de prática e desenvolvimento foram necessários para o trabalho que faço hoje.

Infelizmente, a maioria das pessoas passa pela vida sem utilizar essa habilidade maravilhosa que Deus nos deu. É uma pena, porque desperdiçam a chance de tornar suas vidas mais ricas e interessantes. Não prestam atenção aos pensamentos que percorrem suas mentes e esquecem as conseqüências de seus atos. A vida é encarada com apreensão, e não se compreende por que certas coisas acontecem. Em vez de encontrar paz e prazer, encontra-se estresse e luta. Inevitavelmente, perdem-se oportunidades, acumulam-se problemas e os relacionamentos acabam. Corremos sempre o risco de nos conformarmos com uma rotina monótona e, gostemos ou não, nos habituamos a ela. Nosso direito inato – quem somos e do que somos feitos – permanece inativo. Caminhamos pela vida sem senti-la plenamente.

A verdade é que tudo o que queremos saber já está dentro de nós e basta tomar consciência para apossar-se disso. Em vez de se sentirem perdidos, abandonados ou confusos, admitam que são seres espirituais, que fazem parte de uma enorme família cósmica de entes espirituais. À medida que despertarem sua habilidade mediúnica inata, irão começar a se conectar com sua família espiritual. O mundo dos espíritos pode oferecer uma compreensão extrema à sua vida cotidiana. Há muitos espíritos próximos, dispostos a ajudar-nos a nos lembrarmos de quem realmente somos.

Nos dias de hoje ficou muito fácil ignorar nossa própria herança espiritual e voltar-nos para outras pessoas em busca de respostas. Isso possibilita o surgimento de médiuns capazes de explorar a ignorância e a fragilidade humanas, pois as pessoas que os procuram estão quase sempre sofrendo e muito vulneráveis. É importante que se saiba: não é preciso ter elevado caráter moral para ser médium.

Consciência e compromisso

Isso me leva a um tema muito significativo sobre fenômenos mediúnicos. Uma das discussões mais importantes que tenho com meus estudantes é sobre consciência e compromisso. À proporção que você cultiva e expande várias técnicas mediúnicas, deve também desenvolver um forte sentido de responsabilidade. Quando falo em responsabilidade, quero dizer que é obrigatório utilizar seus dons mediúnicos para alcançar uma vida mais plena tanto para o próprio médium quanto para aqueles que o procuram. Empregar seu poder mediúnico para controlar ou prejudicar pessoas, causar medo ou prever calamidades é pura irresponsabilidade, que possivelmente terá repercussões cármicas. O mesmo se aplica à utilização das suas conexões espirituais para adquirir riqueza ou prestígio, para impressionar pessoas, ou em busca de qualquer outra gratificação egoísta. Lembre-se que todos nós geramos energia. Se sua motivação para aperfeiçoar sua habilidade mediúnica visa a um ganho pessoal ou a um propósito negativo, essa energia sairá de você e voltará a você. Você não pode se proteger de sua própria energia negativa: ela é criada por você.

Há três coisas que você deve fazer ao iniciar sua jornada de desenvolvimento mediúnico. Primeira: estabelecer um objetivo para si.

Segunda: dedicar-se a alcançar seu objetivo. Isso significa ter o tempo necessário para praticar, meditar e compreender as sutilezas de uma nova linguagem. Terceira: confiar em sua capacidade. Lembre-se que os espíritos estão sempre disponíveis e prontos para ajudar-nos. Utilize-os para o seu bem.

Os cinco sentidos

Vamos começar. Para interpretar os sinais do mundo espiritual, você deve aperfeiçoar sua sensibilidade a tal ponto que possa ver com seu olho interior e ouvir com seu ouvido interior. O mundo é cheio de distrações. Por isso é preciso paciência, prática e determinação para se sentar tranqüilamente e escutar sua voz interior. Para isso, você precisa ampliar o uso das habilidades sensoriais de que já dispõe.

A maioria de nós aprende a aplicar nossos cinco sentidos desde o minuto em que nascemos. Quando somos bebês, não temos as palavras para designar as coisas que vemos. Então, alguém nos diz: "Isto é uma bola" ou "Aquilo é um trem". O mesmo acontece com nossa audição. Aprendemos a interpretar os sons que ouvimos porque os escutamos uma infinidade de vezes. Sua mãe pronuncia o seu nome olhando nos seus olhos, e logo você percebe que quando ela diz "Jimmy" ou "Alice" está se referindo a você. Você aprende o som que um cachorro faz quando late, o som de uma porta quando é fechada, e começa a acrescentar essas informações a seu vocabulário sensorial.

Para cada um de nossos órgãos sensoriais externos existe um órgão sensorial espiritual ou astral correspondente. Somos básica e principalmente seres espirituais e, quando encarnamos na Terra, atravessamos um processo em que a alma cria um campo de força de material mental e astral em volta de si. Portanto, somos feitos de uma união sincronizada de energias psíquicas – mentais e emocionais –, físicas e espirituais. Nossos sentidos muitas vezes trabalham para unir essas energias.

VISÃO

Usamos nossos olhos mais do que os outros sentidos. Quando pensamos em alguém, costumamos ver uma imagem dessa pessoa em nossa mente. Nossa memória está repleta de imagens e símbolos visuais do passado. Como nosso centro de visão é o mais ativo, é natural que nosso centro de visão mediúnica correspondente seja também o mais ativo. Só precisamos utilizar nossas mentes um pouco mais do que normalmente o fazemos para despertar nossa visão mediúnica.

Sou clarividente, o que significa que tenho visões com o olho da minha mente. O olho de minha mente é meu terceiro centro de visão, o chakra que fica localizado na área da testa, entre os olhos. Percebo os espíritos com essa visão do terceiro olho, como se estivesse olhando para uma tela de cinema dentro de minha cabeça. A maioria dos médiuns emprega esse tipo de visão interior quando trabalha. No entanto, também é possível perceber uma imagem ou uma visão fora do centro da mente, como se fosse um fantasma. Há ocasiões em que vejo essas aparições assumirem forma, mas isso é raro. Na maioria das vezes, enxergo pelo centro do meu terceiro olho como se estivesse vendo um quadro impressionista ou um filme.

Sonhar é uma forma de desenvolver nossa visão mediúnica. Quando sonhamos, cenas, imagens, cor e objetos estão tentando transmitir mensagens às nossas mentes. Quase sempre essas mensagens estão relacionadas com assuntos do dia-a-dia que estamos tentando resolver, e às vezes elas se esforçam para nos alertar quanto a um acontecimento futuro. Freqüentemente encontramos nossos guias espirituais e nossos entes queridos desencarnados em nossos sonhos. Tornar-se consciente dos sonhos, registrando-os por escrito e aprendendo a interpretar suas imagens é especialmente útil para abrir o centro do terceiro olho.

Telepatia mental é outra maneira de utilizar a visão mediúnica. Telepatia é a capacidade mediúnica de enxergar uma pessoa, uma cena ou um objeto distante e fora de vista, como, por exemplo, ver algo que está ocorrendo em outra cidade. As pessoas que possuem esse talento desenvolvido são capazes de ver o passado e o futuro, porque vêem fatos remotos que estão além da lembrança normal. A telepatia também pode ser usada para coletar informações de fontes a que a maioria das pessoas não tem acesso. Edgar Cayce curava por telepatia. Quando em transe, utilizava sua visão mediúnica para diagnosticar enfermidades que jamais tinha estudado e para descrever tratamentos sobre os quais não tinha instrução formal. Ele possuía um dom notável, e seu legado nos lembra constantemente o poder inato que todos possuímos.

AUDIÇÃO

A audição, assim como a visão, é outro sentido que usamos constantemente. A clariaudição assemelha-se à clarividência, com a diferença de que, com nosso ouvido mediúnico, ouvimos sons que não estão dentro do alcance físico sensorial. A concentração é um fator-chave para cultivar a percepção mediúnica. Na clariaudição, seu ouvido astral está em harmonia com as vibrações superiores do espírito e pode ouvir além da gama normal de sons, como acontece com um cão, que consegue ouvir um assobio agudo inaudível aos ouvidos humanos. "Ouvir vozes" e clariaudição não são necessariamente a mesma coisa. Certos distúrbios mentais podem fazer com que as pessoas ouçam vozes. Se ouvir uma voz dentro de sua cabeça mandando fazer algo destrutivo, recomendo que procure um psicoterapeuta. A clariaudição, assim como a clarividência, precisa ser repetidamente testada. Os que possuem esse dom são capazes de escutar vozes, nomes e até música. Alguns de nossos maiores compositores tinham e têm essa capacidade.

OLFATO

Supõe-se que o olfato é o primeiro dos cinco sentidos a se desenvolver dentro do ventre materno. Pesquisas científicas assinalam que ele se localiza na região do cérebro onde se depositam as emoções e as lembranças. Não é surpresa, portanto, que certos odores ou aromas nos transportem ao passado, a algum acontecimento na infância ou a certa ocasião feliz. Lembro-me de um dia de verão em que o perfume do jasmineiro me recordou um fato da infância. De repente, me vi claramente brincando no quintal com meu irmão.

Todos já tivemos experiências parecidas com essa. Não é incomum sermos inundados de recordações quando, numa loja, sentimos o perfume que nossas mães usavam. Toda vez que sinto cheiro de baunilha penso em minha mãe fazendo biscoitos. A indústria de perfume se aproveita do fato de as fragrâncias evocarem emoções e lembranças, e nos últimos anos a aromaterapia – com suas fragrâncias mágicas em velas, loções e óleos – conquistou enorme popularidade. O fato de certos aromas levarem a um bem-estar emocional tem sido comprovado pelo número de pessoas que empregam perfumes para relaxar, receber energia e até ter sucesso nos estudos. O olfato é realmente um instrumento poderoso.

Certas fragrâncias ajudam especificamente na percepção mediúnica e no contato espiritual. Lilás, lavanda, camomila, rosa e limão há muito tempo são usados para alterar a percepção e atrair vibrações superiores para o ambiente. O estudo e o emprego de fragrâncias florais e herbáceas enriquecem o desenvolvimento mediúnico.

Preste atenção aos odores que rodeiam você. Quando um ente querido desencarnado quer se comunicar conosco, é muito comum sentir-se o cheiro de alguma coisa ligada a ele. Talvez um perfume de mulher ou o cheiro de certa marca de cigarro. Freqüentemente nossas mentes racionais não dão atenção a esse fato, atribuindo-o a alguma outra causa. Posso lhes dizer, a partir de minha experiência, que os espíritos se empenham em consolar seus entes queridos por meio de aromas. Se você sentiu o perfume de uma pessoa amada que já partiu, não tenha dúvida de que ela está por perto.

TATO

O tato é outro sentido que pode ser desenvolvido como um instrumento mediúnico. Quando uma pessoa estranha aperta nossa mão, temos possibilidade de saber como ela é. Comece a prestar atenção. O aperto de mão de uma pessoa pode fornecer boas indicações sobre a personalidade dela.

Os curadores mediúnicos empregam seu sentido do tato para localizar doenças no corpo de uma pessoa. É o chamado "conhecimento pelas mãos". Esses médiuns são capazes de distinguir pontos quentes ou frios que significam desequilíbrio. Quando tocamos no corpo de alguém, trocamos energia com essa pessoa. Massagear certos pontos do corpo ajuda a aliviar dor e mal-estar e a liberar lembranças celulares de nossos tecidos. Muitas terapias físicas modernas que utilizam o toque – como Rolfing, shiatsu e reflexologia – ajudam as pessoas a eliminar toxinas físicas e também a resolver traumas psicológicos e emocionais.

A psicometria é outra maneira pela qual nosso sentido do tato é utilizado. Os médiuns dedicados ao trabalho policial costumam usar a psicometria para conseguir informações sobre um caso. Eles são capazes de segurar um objeto e obter por meio dele certas impressões. Todas as pessoas, coisas e lugares estão cheios da energia da Força de Deus. Se desenvolvermos nossa sensibilidade, podemos perceber a ligação entre as energias de um objeto e a pessoa que o está usando.

PALADAR

Estamos mais familiarizados com os poderes da visão e audição do que com os do tato, do olfato e do paladar, porque dependemos menos destes, mas nem por isso são menos intensos. Em geral, quando estou numa sessão, sou capaz de sentir a presença de um espírito mesmo através do paladar. Por exemplo, se um espírito está tentando comunicar um suicídio por arma de fogo, sinto o gosto de metal na boca. O mesmo se aplica a situações de demonstrações sobre álcool ou cigarros, e até remédios. Um espírito provoca esse tipo de sensação para comprovar sua existência. Como nunca sabemos por meio de que sensações um espírito enviará sua mensagem, desenvolver todos os nossos sentidos pode ajudar a distinguir o que é nosso das mensagens enviadas pelos espíritos.

Como desenvolver nossos sentidos para nos harmonizar com os níveis superiores da experiência? Podemos começar prestando atenção a detalhes do dia-a-dia. À medida que tomamos mais consciência do que nos rodeia, de nossos pensamentos e atos, desenvolvemos nossas mentes para saber mais.

Posso lhes garantir: todos possuímos o potencial necessário para expandir nossa percepção além da consciência física, até as dimensões mediúnicas.

Se você quer se harmonizar com o mundo espiritual, deve despertar para a vida ao seu redor e dentro de você. Viemos à Terra com um plano de vida espiritual e estamos aqui para cumprir nosso destino. Com a ajuda de seres angelicais, de seus espíritos-guia e dos seus entes queridos desencarnados, você pode valer-se de toda a inspiração criativa de que precisa enquanto caminha pela vida. Seus esforços para alcançar o campo mediúnico serão recompensados. Eu garanto.

Os mortos inquietos

Nunca sei como o espírito me usará, ou através de que sentido vou interpretar seus sinais. Quando começo a obter informações mediúnicas, tenho a sensação de *saber* a respeito de alguma coisa. Quando me harmonizo com a energia em meu ambiente ou com a pessoa para quem estou transmitindo, o que primeiro me vem à mente são cenas, como num filme. Pode ser um lugar, ou várias pessoas com diversos tipos de vestuário, ou uma pessoa me mostrando alguma coisa sobre si mesma, ou uma determinada situação. No decorrer de praticamente todas essas experiências, capto imagens, sons e sensações. Então, junto essas informações para compreender o que o espírito está tentando comunicar. O caso que vou descrever demonstra como utilizei meus sentidos para esclarecer o que acabou sendo uma situação especialmente hedionda.

Eu tinha me mudado para a Califórnia e estava começando meu

trabalho de médium, quando recebi um telefonema de uma mulher bastante ansiosa. Ela falava arfando, como se tivesse acabado de correr muito. Seu nome era Katherine.

– Nunca recorri a um médium antes. Não sei se você pode me ajudar. Espero que possa. A amiga que o indicou acha que pode. É tudo muito estranho para mim. – Sem parar um instante, Katherine continuou: – Estou enlouquecendo. Você é minha única esperança.

– Posso receber você daqui a duas semanas – lhe disse.

– Não, você precisa me receber antes. É um assunto de vida ou morte.

Ela manifestava uma enorme urgência, parecia a ponto de chorar:

– Por favor, Sr. Van Praagh, estou desesperada. Não sei mais o que fazer.

Reexaminei minha agenda, antecipei a sessão e, quando ia lhe dar meu endereço, ela me interrompeu:

– Não, não, você precisa vir a minha casa para ver o que está acontecendo.

Concordei e anotei o endereço. Sugeri uns exercícios simples de meditação para que pudesse acalmar a sua mente antes de minha chegada, sabendo que seria difícil para um de nós obter os resultados necessários se ela não meditasse.

No sábado de manhã fui dirigindo pelas ruas lindamente arborizadas de Beverly Hills, até chegar à rua de Katherine. Lembro-me como me senti bem, cercado por tanta beleza. Mas, quando me aproximei do quarteirão onde ela morava, toda a serenidade desapareceu, sendo substituída por uma sensação esmagadora de juízo final. A energia estranha e hostil que senti era muito mais forte do que o encanto da área.

A casa de Katherine fazia um contraste perturbador com as demais. O terreno era lamacento e desolador. Em lugar de um gramado bem arrumado, um quintal entulhado de restos de construção. Conferi o endereço no papel que eu segurava, para me certificar de que não estava enganado, apesar de saber no meu coração que o lugar era aquele mesmo. Eu estava certo.

Tive um pressentimento. Olhei para o telhado. Alguma coisa estava errada. As empenas eram tortas e as duas chaminés, inclinadas. Pensei: "Alguma coisa estranha está acontecendo aqui."

A voz dissonante de Katherine interrompeu minha observação. Ela estava no vão da porta.

– Graças a Deus que você veio. Não é horrível? – perguntou, olhando para o telhado.

– É, sim. Não compreendo. Qual é o problema? – indaguei.

– Eles não me deixam construir. Não importa o que eu faça, eles destroem toda a obra – disse ela, em seu ritmo brusco.

– *Eles* quem?

– É isso o que quero que você me diga.

Katherine me acompanhou até a garagem, que parecia normal, embora com restos de obras empilhados de um lado, e começou a explicar sua provação:

– Meu marido e eu compramos esta casa há três anos. Quando nos divorciamos, a casa ficou para mim, como parte da partilha de bens. Antes do divórcio, contratamos um arquiteto e fizemos planos para reformar o imóvel. O empreiteiro começou a obra, mas depois de um mês elas começaram a atrasar seguidamente. Nada era terminado.

– Bem, isso acontece muito – comentei.

– Mas você não está compreendendo. A obra havia sido feita, mas logo depois desfeita – disse ela, num tom exasperado. – Quando instalamos as janelas, no dia seguinte metade estava rachada e precisou ser substituída. Uma semana depois de azulejarmos o piso, o chão empenou e os azulejos se quebraram. Ainda não conseguimos colocar um novo piso.

– Estou começando a entender – eu disse, perplexo.

Katherine continuou:

– Já contratei três empreiteiros e uma equipe de subempreiteiros. Nenhum deles consegue terminar nada. Estou à beira da loucura. – Nesse instante ela ficou ainda mais pálida. – E aí teve o problema do telhado. Já estava quase concluído e comecei a sentir um certo alívio. Era o último dia do serviço, quando um dos operários perdeu o equilíbrio e caiu *através* do telhado. Acontece que era um profissional com trinta anos de experiência! Graças a Deus, ele está bem, mas foi um susto terrível.

Fiquei em silêncio. Katherine voltou a falar, tentando fazer-me agir:

– Sr. Van Praagh, isso não é normal. Alguém está tentando evitar que eu termine esta casa.

Minha mente tentava encontrar explicações lógicas para tantos obstáculos. De súbito, como se alguma coisa estivesse literalmente me puxando, senti que precisava me virar e olhar a casa. Nesse instante, soube que aquela seria uma de minhas costumeiras conexões espirituais diferente das habituais.

Respirei fundo e fechei os olhos. Comecei a me cercar de luz branca e murmurei uma prece. Pedi ajuda e proteção especiais aos meus guias espirituais. Quanto mais eu conseguia aumentar minha vibração energética, mais sentia o impacto da força negativa ao redor de Katherine e de sua casa. A energia ameaçadora ficava cada vez mais forte. Eu sabia que estava na hora de começar a agir.

Virei-me para Katherine e disse:

– Vamos entrar.

Entramos pela porta dos fundos e ficamos na copa, que dava de frente para a cozinha. Quase imediatamente, senti um arrepio penetrante percorrer-me a espinha. Alguma coisa invisível estava na cozinha. O rosto de Katherine empalideceu novamente. Na mesma hora, ambos *soubemos* que não estávamos sozinhos. Katherine me olhou, à procura de algum tipo de explicação, e me esforcei para lançar alguma luz na situação:

– Muitas vezes, quando uma alma desencarnada está por perto, sente-se realmente frio no cômodo. Isso é devido à mudança de vibração, ou à lentidão do corpo espiritual. Não se preocupe – tentei acalmá-la. – Dê-me um instante para coletar mais informações.

Como se em câmara lenta, percorremos um corredor que levava à frente da casa. Uma sensação de desconforto atingia até meus ossos. A cada passo, a energia invisível ficava mais pesada e inquietante. Senti como se algo estivesse se aglomerando ao meu redor, mais ou menos como alguém se sente numa plataforma de metrô na hora do *rush*. Parecia não haver lugar para onde eu pudesse ir, por isso parei onde a força era maior. Eu sabia claramente que era uma força masculina ameaçadora. Nesse momento, vi com o olho da mente a personificação do medo que estávamos sentindo. No meio do corredor havia quatro homens de aparência rude. Seus olhos inexpressivos olhavam fixa e soturnamente para a frente, como se estivessem enxergando através de mim. Dois deles tinham barba, um era grisalho, e o outro, calvo. Seus rostos cheios de ódio eram nítidos como o dia. A intensa vibração negativa continuava a aumentar. Esses homens eram intimidadores, cruéis e implacáveis. Nesse momento, recebi o pensamento de que um homem tinha sido assassinado no mesmo lugar onde eu estava. Na minha visão, vi um dos quatro homens segurando uma arma e senti o cheiro de fumaça, como se alguém tivesse acabado de acender um fósforo.

Senti o toque de Katherine no meu braço e voltei a perceber o corredor quando ela perguntou:

– Sr. Van Praagh, está tudo bem?

Saí de repente do meu transe, sentindo-me frio e viscoso. O suor pingava do meu rosto. Virei-me para Katherine e disse:

– Alguém foi morto a tiros nesta casa. Bem aqui no corredor.

Olhei para a parede atrás de mim e lá estava: uma pequena perfuração de bala na superfície. Katherine levou a mão à boca, horrorizada.

Continuei a me "sintonizar" com meus sentidos para descobrir mais detalhes.

– Essa pessoa foi levada a um porão. Esta casa tem porão?

Percebi que minha pergunta assustou Katherine. Ela olhou fixo para mim e respondeu devagar:

– Sim, tem.

É importante dizer que os porões são raros no sul da Califórnia.

Segui Katherine até uma porta que levava a outra porta debaixo de uma escada. Essa segunda porta conduzia a um porão.

– Sinto que um homem foi morto a tiros e depois arrastado para este porão e enterrado – eu disse.

Katherine olhou impaciente para o pequeno cômodo de concreto.

Voltei ao vestíbulo, piscando os olhos para me concentrar de novo. Quando olhei para o corredor, os quatro homens tinham desaparecido.

Ao dirigir-me para a porta da frente, tive um pressentimento de que deveria olhar para o alto. Na escada havia outro espírito, usando uma bata branca como a de médico. Eu soube que precisava segui-lo.

– Fique atrás de mim – pedi.

A cada degrau que subíamos, o frio que eu sentira antes voltava, dessa vez mais gélido e agourento. Comecei a ouvir um zumbido agudo.

– O que é isso? – gritou Katherine, com voz estridente.

O barulho vinha de um cômodo no final do corredor do segundo andar. Parecia o som de gatinhos miando para serem alimentados. Segui o médico de bata branca em direção ao quarto. Ele seguiu pelo corredor e desapareceu. Cuidadosamente, me aproximei do vão da porta. A essa altura, Katherine estava agarrada à manga de minha camisa.

Quando fiz menção de pegar a maçaneta, ela largou meu braço e disse:

– Este foi o quarto que nos deu mais trabalho. Foi aqui que o telhado caiu. Também encontrei fezes aqui dentro.

Compreendi que ali estava o vórtice da estranha e destrutiva energia. Senti algo emocionalmente instável, uma combinação de raiva, ódio e dor que emanava do quarto.

Em geral, quando vejo energia positiva, ela me aparece branca ou dourada. Quando a energia está cheia de emoções negativas, ela é cinza-escuro, vermelha ou preta. Foi isso o que vi quando passei pelo vão da porta.

A temperatura baixou ainda mais. Os olhos de Katherine refletiam seu pavor. Seu corpo tremia, e ela me olhou, em busca de segurança. Fiz o possível para tranqüilizá-la:

– Está tudo bem. Tente controlar suas emoções. Quanto mais assustada você ficar, mais o medo vai fortalecer as emoções negativas no quarto.

– Não quero entrar aí – disse ela.

– Está certo. Fique do lado de fora, mas preciso ver do que se trata.

Fui até o meio de um quarto completamente vazio. Olhei em volta e examinei o local. A parede ressequida, a tubulação à mostra e os tijolos, iluminados apenas pelo buraco no telhado. Concentrei-me, respirei fundo algumas vezes e comecei a me harmonizar com a vibração do quarto, para ver o que poderia captar.

Ao inspirar pela terceira vez, comecei a sentir o cheiro de alguma coisa podre: recendia a cabelo queimado, que me enjoou o estômago. O som de vozes abafadas quebrou o silêncio e pouco a pouco elas se transformaram em guinchos e gritos. Perturbado, balancei a cabeça, e então mais uma vez o médico de bata branca apareceu, junto com a fonte dos lamentos de dor. Quando vi toda a imagem, gelei e fiquei paralisado.

No centro do quarto havia um homem amarrado a uma mesa. Ele me olhou com olhos arregalados, como se implorasse, e pronunciou o nome "Victor". Suponho que estivesse tentando me dizer seu nome. O homem de branco se inclinou sobre Victor e começou a torturar sua vítima com uma espécie de corrente elétrica, em movimentos precisos e calculados. Eu me dei conta de estar presenciando uma tortura incrivelmente cruel e desumana. Precisei esfregar os olhos para me forçar a voltar ao presente e saí rapidamente do quarto.

Parecia que apenas alguns minutos tinham passado, mas na realidade eu já estava havia duas horas naquela casa. Juntei-me novamente a Katherine do lado de fora da residência e expliquei o mais claramente possível o que tinha acontecido:

– Aparentemente, um médico já morou aqui e estava envolvido com atividades ilegais ou criminosas. Ele torturava pessoas para fazê-las fornecer informações ou forçá-las a manter algum segredo.

Essa dedução, embora me parecesse cruel, foi surpreendentemente aceita por Katherine:

– Sr. Van Praagh, o que me disse faz muito sentido. Logo que me mudei para cá, uma de nossas vizinhas me contou a história da casa. Ela comentou que o proprietário da casa há quinze ou vinte anos era um médico de caráter duvidoso.

Fiquei surpreso.

– Ele supostamente morava sozinho, mas essa vizinha contou que havia sempre muitos carros estacionados em frente à casa, às vezes da polícia. Parece que os vizinhos reclamavam de barulhos que vinham lá de dentro.

Eu tinha visto e ouvido bastante, e tudo o que queria era ir para casa descansar. Por isso, disse a Katherine:

– Vou voltar amanhã para "limpar" a casa. Precisamos nos livrar dessa energia.

Ao entrar na casa na manhã seguinte, a energia já me pareceu mais leve. Purifiquei cada cômodo e transformei as vibrações negativas com a pureza e o amor da energia da Força de Deus.

Quando comecei meu trabalho no andar de cima, escutei sons abafados vindos através da porta e lentamente entrei. Várias entidades estavam agachadas num canto e tremiam de medo.

– Estamos presas aqui! – gritaram.

Enviei-lhes pensamentos mediúnicos de que estavam livres para assumir seu próprio espaço. Quando os espíritos se acham ligados à Terra dessa maneira, invadem o espaço dos seres humanos, porque acham que não têm seus próprios espaços. Era importante que eu os ajudasse a perceber que tinham energia própria. Visualizei uma bola de fogo em volta deles, enchendo o espaço de sua energia para que se sentissem bem.

E então disse em voz alta, mas suave:

– Essa sensação de estarem presos não é real. Vocês passaram do mundo físico para o espiritual e estão livres para alcançar a luz.

Dali a minutos o quarto estava mais claro e o ar frio havia desaparecido. O calor e a luz do sol substituíram o medo e o terror. A casa estava *limpa*, e Katherine poderia finalmente concluir sua reforma. No capítulo 9 voltarei ao assunto, descrevendo como livrar uma casa de energias indesejáveis.

Como médium, utilizo minhas aptidões mentais em combinação com meus sentidos, para perceber os espíritos. No caso dessa casa mal-assombrada, pude ver um espírito de pé num quarto. No olho da minha mente, o espírito aparece como se fosse sólido, mas eu sei que não é um ser físico. A visão do espírito é percebida pela minha *visão espiritual* no centro do meu terceiro olho. O mesmo se aplica quando ouço vozes e sinto odores. Todas essas sensações são filtradas pela minha mente e me parecem reais.

O uso de nossos sentidos desempenha papel-chave para revelar o trabalho dos espíritos em nossas vidas. Pelo simples fato de prestar atenção aos detalhes cotidianos de sua vida, você pode começar a abrir a porta de sua habilidade mediúnica. Quanto mais você tomar consciência do seu ambiente, quanto mais treinar sua mente para ver, ouvir, sentir cheiros, tocar e saborear, quanto mais prestar atenção em seus pensamentos e atos, mais apurada será sua percepção. Quando não observamos as coisas, passamos pela vida como sonâmbulos, vivendo superficialmente, mesmo se nos considerarmos pessoas muito ocupadas. Quando, porém, tomamos consciência do que nos rodeia e do que se passa conosco, estamos verdadeiramente vivos e capazes de compreender melhor a vida, em seus muitos níveis.

Compreensão e comunicação claras só podem ser alcançadas quando você libera a bagagem mental e emocional negativa armazenada no seu espaço físico e mediúnico. Vou me aprofundar nesse conceito nos próximos capítulos. Com o tempo, você se supreenderá ao verificar como sua energia mediúnica pode viajar pelo espaço e pelo tempo para curar e ajudar os que precisam. Você tem o privilégio de ser um canal para a energia da Força de Deus. Deixe sua sensibilidade orientar você no caminho para conseguir isso.

2 O SEXTO SENTIDO
Utilizando a Intuição para Receber Informações dos Espíritos

Em primeiro lugar, quero afirmar que nascemos com seis sentidos, não cinco. O sexto sentido, aquele que a maioria de nós não sabe como aplicar à vida cotidiana, é nossa intuição. Todos temos esse poder, mas em muitas pessoas ele permanece não-manifesto. Nosso sexto sentido está ligado ao nosso intelecto, aos nossos cinco sentidos, às nossas emoções, e trabalha em conjunto com qualquer um deles ou com todos. Não são apenas a clarividência, a telepatia e outros fenômenos mediúnicos que se filtram através da nossa intuição. A inspiração artística, as experiências religiosas místicas e a solução criativa de problemas são também aspectos da função intuitiva.

Intuição é uma sensação de *saber*, e isso vem de dentro. Essa sensação é espontânea, não é racional. Se você se esforçar muito para usar sua intuição, impedirá o processo. Em outras palavras: intuição não é uma coisa que você possa fazer acontecer. Ela simplesmente acontece. Você *pode* aprender a perceber quando ela ocorre. A intuição acontece quando nossas mentes estão relaxadas e não concentradas em uma determinada tarefa.

Em geral, quando nos desligamos de um problema, surge a resposta que buscamos. Por exemplo, freqüentemente esqueço onde deixei minhas chaves. Quando me aflijo e me concentro em procurá-las, não as acho. Mas logo que deixo de procurar as chaves, elas aparecem. O mesmo ocorre com a intuição.

Todo mundo já teve uma experiência intuitiva. Por exemplo, talvez você estivesse pensando numa determinada blusa que queria comprar para alguém. Você passa por uma rua onde não costuma andar e na vitrine de uma loja vê a blusa que tinha imaginado, e *ainda por cima* em promoção! Alguma coisa fez com que você passasse por aquela rua para encontrar aquela blusa. Essa "alguma coisa" foi sua intuição. Ela pode levar você a descobrir a coisa certa na hora certa e pode também levar ao mundo espiritual.

As pessoas costumam achar que sou uma espécie de "milagreiro", mas não existe nada de sobre-humano em falar com os mortos. A única diferença entre mim e você é que aprendi a usar meu sexto sentido incrivelmente bem. Como outras pessoas consideradas dotadas, eu apenas aprendi a distinguir minha voz interior e a voz dos espíritos da enorme variedade de opiniões e crenças do torvelinho da minha mente. Qualquer médium lhe dirá que é preciso observação, reflexão, tentativa e erro para desenvolver um forte senso intuitivo.

Pense na primeira vez em que tentou dirigir um carro. Você precisou começar com as noções básicas, estudar e ouvir o instrutor. A primeira vez em que você se sentou atrás do volante, teve de diferenciar o acelerador do pedal do freio e saber o que acontece quando põe o pé em cada um deles. Você aprendeu a diminuir a marcha, a parar e a andar de marcha à ré. A intuição é como qualquer outra aptidão. Quanto mais você a usa, mais se aprimora e ganha autoconfiança, e mais suave é sua jornada. Você vai comprovar que empregar sua intuição ressaltará todos os aspectos de sua vida.

Sim, talvez algumas pessoas tenham uma tendência especial para a percepção mediúnica, e outras a tenham refinado até o nível de mestria, mas de qualquer forma todas têm intuição. Como tudo o mais na vida, cabe a você treinar sua intuição para atingir o grau que deseja alcançar.

Sempre me perguntam: "Como sabe que é um espírito que está lhe dando informações e não sua própria imaginação?" No início de meu desenvolvimento como médium, esta foi a coisa mais difícil de determinar. Como todo mundo, eu estava tão acostumado a escutar minha mente para receber respostas, que no princípio foi difícil *repensar* as informações que me chegavam – o que é necessário para discernir entre minhas próprias vibrações e as informações passadas pelos espíritos. Para poder distingui-las, precisa prestar atenção em você. Costumo dizer a meus alunos: "Sejam verdadeiros com vocês mesmos." Para fazer contato com esse tipo de conhecimento, é preciso começar estabelecendo um relacionamento íntimo com você. Quanto mais compreender suas próprias razões, idéias e crenças, mais fácil se tornará separar o que é seu daquilo que é dos espíritos.

Interpretando a intuição

Existem muitos níveis de intuição. Nenhum padrão se aplica a todas as pessoas. Comece interpretando seus pensamentos e sentimentos e usando da maior honestidade possível. Ninguém melhor do que você é capaz de saber o que se passa em seu íntimo.

No nível físico, podemos ter sensações corporais nos avisando de perigos ou ameaças. Uma amiga chamada Penny me contou sobre uma ocasião em que planejava uma viagem para encontrar a filha em Paris. De lá, alugariam um carro para viajar pelo sul da França. Ela já havia reservado sua passagem de avião, o aluguel do carro e comprado vários guias de viagem. Cerca de duas semanas antes de partir, Penny começou a ter terríveis cãibras estomacais, que surgiram sem nenhuma explicação e não estavam relacionadas a nenhuma doença.

Ela me disse:

– Eu já fui acometida desse problema antes. Acho que é medo, como se fosse um sistema de alarme em meu corpo.

As cãibras continuaram, mas ela resolveu viajar assim mesmo.

– Eu não estava com medo que o avião caísse, mas sabia que a dor tinha a ver com a viagem.

Quando ela chegou a Paris, chovia.

– Eu me surpreendi várias vezes tentando entender a razão das cãibras. Na última semana da viagem veio a resposta. Estávamos indo de carro para Cannes, e a chuva continuava. Parei num sinal vermelho e, ao olhar pelo espelho retrovisor, vi um carro vindo a toda velocidade na nossa direção. Percebi que ele não ia parar e só consegui fazer uma pequena prece, enquanto o carro atingia a nossa traseira. Felizmente, eu sempre me certificava de que minha filha usasse o cinto de segurança. Se ela estivesse sem o cinto, teria sido arremessada pelo vidro da frente. Logo que o carro se chocou contra o nosso, eu soube que era por isso que eu vinha sentindo medo. De certa forma, fiquei aliviada por ter terminado. Minha filha foi levada para um hospital, mas felizmente não tinha nada de grave, só deu um mau-jeito no pescoço. – Penny fez uma pausa. – James, no momento em que olhei pelo retrovisor, soube que aquela era a razão das cãibras. Eu também soube que tinha de acontecer, e não havia nada que eu pudesse fazer para impedir. O acidente foi uma lição cármica, e compreendi o que significava.

As reações corporais são certamente uma fonte de informações intuitivas. Aprenda a prestar atenção nelas, a observá-las.

Às vezes quero dizer algo a um amigo, mas alguma coisa me trava e as palavras simplesmente não saem. Nesse momento, sei que minha intuição está me mandando ficar calado. Talvez não seja a hora adequada de dizer o que quero. Interpretar as sensações de seu corpo é mais um passo para a autopercepção e o despertar intuitivo total.

Da mesma forma que o corpo físico nos envia mensagens, as emoções também o fazem. Muitas pessoas me dizem que, ao conhecer seu marido ou sua mulher, sabiam que ele ou ela era, como dizem, "a metade da laranja". Meu amigo Andrew contou que, quando conheceu sua mulher, "ela não era o tipo de mulher com quem eu gostava de sair. Gosto de louras, e ela era morena. Gosto de mulheres baixas, e ela era alta, mas alguma coisa me disse que ela era 'minha outra metade'. Seu bom humor me atraiu e me ajudou a não notar algumas características que normalmente não me atraem. Depois de sairmos a primeira vez, algo me disse para convidá-la de novo. Naquele primeiro encontro, eu simplesmente soube que ia me casar com ela".

Todos conhecemos o termo "intuição feminina". Isso não significa que só as mulheres possuem intuição, mas que as mulheres têm mais contato com seus sentimentos do que os homens, ou que não os reprimiram como os homens foram ensinados a fazer. As emoções mudam a todo momento. Existe diferença entre os altos e baixos emocionais e as sensações intuitivas. Entretanto, para distinguirmos os dois, precisamos fazer contato com nossos sentimentos e aprender a diferença.

No nível mental, a intuição costuma manifestar-se em forma de imagens. Este é o nível de solução criativa de problemas. Os inventores afirmam que suas invenções lhes chegam por devaneios, sonhos noturnos ou quando não estão concentrados nos problemas. Executivos com altos cargos administrativos costumam dizer que tiveram uma "sensação visceral" ao tomar certa decisão. A capacidade de saber intuitivamente o que vai dar certo aumenta a possibilidade de sucesso de uma pessoa nos negócios. Todos já tivemos a experiência do "é isso aí!", quando algo dentro de nós chega à consciência. Estamos sentados no cabeleireiro, lendo um artigo de uma revista, quando de súbito a resposta a alguma tarefa do trabalho se torna óbvia. Este é mais um exemplo de como a intuição pode surgir espontaneamente, sem nenhum esforço ou estresse de nossa parte.

O NÍVEL ESPIRITUAL DA INTUIÇÃO

Finalmente há algo muito importante: é o nível espiritual da intuição, a experiência mística que nos leva a descobertas essenciais. Este é o lampejo da verdadeira realidade de nossa existência. Os momentos de intuição espiritual são inesquecíveis.

Uma amiga me contou sua experiência num retiro silencioso. Na época, ela estava envolvida com uma organização espiritual que tinha uma propriedade em Lake Arrowhead, na Califórnia:

– Dormíamos em sacos de dormir ou tendas, na vertente da colina.

As pessoas do seu grupo se revezavam preparando as refeições, oravam juntas num santuário e passavam o resto do tempo em silêncio.

– James, depois de dias em silêncio na natureza, tive uma experiência incrível. Durante uma meditação, eu me vi entrando num trem com milhares de outras pessoas e percebi que era um trem do amor, por mais tolo que isso pareça. Naquele momento, compreendi profundamente que somos todos feitos de amor e que o amor é o ingrediente ou a energia que permeia o mundo inteiro. Eu me senti extremamente em paz. Não havia nada que eu precisasse fazer para me tornar melhor do que já era. Eu *sabia* que era amor.

Esta é a verdadeira percepção espiritual.

Experiências místicas como a de minha amiga visam apenas transformar a visão que a pessoa tem da realidade. A prática da meditação é essencial para alcançar esse tipo de intuição espiritual e para se comunicar com o mundo espiritual.

A intuição também deve estar integrada ao intelecto para podermos traduzir as informações enviadas por ela. Médicos que passaram anos na faculdade sabem que combinar seu conhecimento médico com a intuição é a melhor forma de diagnosticar problemas difíceis de serem identificados por meios convencionais.

Quando você começar a se ouvir, talvez pela primeira vez, vai descobrir que há camadas na sua percepção. Após filtrar os dados superficiais, alcançará os níveis mais profundos do seu ser. A confusão é substituída pela confiança. A beleza da intuição é que nenhuma força externa obriga você a fazer nada. Você simplesmente descobre que sabe. A partir desse ponto intuitivo, torna-se mais capaz de fazer escolhas para o seu próprio bem.

DEIXANDO AGIR A INTUIÇÃO

Num estado de relaxamento e percepção, depois de absorver o que a mente lhe disse, a próxima etapa é abrir-se para receber seus sentimentos. Quando você resolver deliberadamente identificar suas reações e sensações, se surpreenderá ao verificar como as perceberá rapidamente. Os sentimentos reprimidos dificultam muito a intuição, porque tensionam o corpo. Além disso, essas emoções costumam estar ligadas a algo que já aconteceu ou está para acontecer. Quando você vive no passado, ou se preocupa com o futuro, não está se concentrando no momento atual – e a intuição ocorre no presente.

A intuição é recebida e interpretada de forma diferente por cada pessoa. Costumam me perguntar: "O que aconteceu quando você teve a primeira percepção espiritual?" e "Foi uma sensação física?". Posso honestamente garantir que, quando entro em contato com um espírito, meu ser inteiro sente. Experimento uma sensação no corpo todo, mas certos sentidos específicos ficam especialmente impressionados. No meu caso, vejo e sinto a presença de seres espirituais porque sou um médium que utiliza sobretudo a clarividência e a clarissensitividade. No entanto, tal como a maioria dos médiuns, posso reconhecer as diferentes repercussões que um espírito causa em cada parte do meu corpo. Repito que isso tem a ver com a atenção com que observo minhas reações. Faça o mesmo, e você verá quantas novas possibilidades irá descobrir.

Certa vez, eu estava dirigindo na Itália e me vi inteiramente desorientado numa estrada que levava não sei aonde. Tentei decifrar as placas indicativas, mas não me saí muito bem. Quando estava parado num sinal vermelho, passou um caminhão com a palavra REGINA pintada na lateral. Segui o caminhão, que me levou diretamente à cidade que eu procurava. Sei que foi um sinal espiritual, porque o nome de minha mãe era Regina. Ela estava procurando me ajudar de uma forma que eu pudesse entender.

A intuição natural das crianças

Quando criança, é bem possível que você tenha tido experiências mediúnicas. Há pesquisas e estudos que atestam isso. Mas também é quase certo que não os tenha identificado como tal, ou que, ao relatá-los a algum adulto, tenha provocado uma reação de descrença ou até escárnio. À medida que foi crescendo, foi ensinado cada vez mais a confiar no seu "eu racional", ou mente objetiva, e a desqualificar sua intuição.

Um velho ditado diz que "ver para crer". Os adultos, pessoas em quem confiamos, nos afirmam que devemos confiar no que é tangível e valorizar o mais possível nossa mente racional. Com isso, deixamos de ouvir a nossa voz interior. No entanto, aqueles que conseguem se afastar da mente objetiva e acalmar os sentidos entram em contato com o mundo deslumbrante que os habita. É um mundo de sabedoria e verdade.

Na minha infância, era muito natural para mim ter impressões intuitivas. Como a maioria das crianças sensitivas, eu supunha que todo mundo podia ver ou sentir as coisas da mesma forma. Só quando me disseram que aquilo que eu percebia não era comum é que me dei conta de que eu era diferente. Vocês podem imaginar como era perturbador não ter quem me acolhesse quando eu tentava relatar aquilo que captava no nível intuitivo ou mediúnico. Como criança, não sabia como controlar essas impressões, nem como interpretá-las. Com o tempo, resolvi, ainda que inconscientemente, desconhecê-las ou achar que eram fruto da minha imaginação. Não deixem que isso aconteça com seus filhos. Ouça-os e acolha com respeito seus relatos.

O bandido mascarado

Quando tinha oito anos, passava as manhãs de sábado cumprindo a mesma rotina com meu melhor amigo e vizinho, Frankie: acordávamos cedo, comíamos cereais açucarados enquanto assistíamos a desenhos na TV e depois um gritava para a casa do outro, chamando para brincar. Robbie, um amigo nosso, e Jeanne, irmã de Frankie, também vinham, e nós quatro fazíamos o que fazem as crianças: subíamos em árvores, fingindo que eram espaçonaves, e assumíamos papéis de astronautas ou robôs invadindo a Terra. Nós nos divertíamos viajando pelo cosmos contido no meu quintal.

Certa noite, Frankie e eu resolvemos armar uma tenda no quintal, como tínhamos visto num episódio da TV. Enroscados em nossos sacos de dormir, começamos a contar histórias de fantasmas. Cada um tentava superar o outro, para ver quem assustava mais. Era minha vez e comecei dizendo:

– Esta história aconteceu de verdade: nesta vizinhança tem um homem que fica andando durante o dia olhando as janelas das pessoas para ver se alguma está aberta. Se está, ele costuma voltar de noite para assaltar a casa.

– Você ficou maluco? Ninguém faz isso – exclamou Frankie.

– Mas ele faz. Quer apostar? – retruquei. – Esse cara usa um lenço vermelho para cobrir o nariz e a boca. Só dá para ver os olhos, redondos e negros como os de um pássaro.

Frankie começou a ficar nervoso. Ele não gostava muito de pássaros, desde que vira um filme de suspense sobre eles.

– Se ele o flagrar olhando pra ele, ele pega você e ninguém nunca mais vai saber de você – sussurrei.

Depois dessa, Frankie não quis mais ouvir histórias. Fechou o saco de dormir até a cabeça e murmurou:

– Vamos dormir.

No dia seguinte fomos despertados pelos gritos da mãe de Frankie:

– Frankie e Jamie! Já pra casa!

Lentamente voltamos para casa, nos perguntando a razão daquela agitação toda. Quando entramos, a mãe de Frankie correu, se ajoelhou à nossa frente, nos abraçou fortemente e perguntou:

– Vocês estão bem?

– Estamos, mamãe. Que é que aconteceu? – indagou Frankie.

Escutamos então uma sirene de polícia e os sons abafados de voz de pessoas se aproximando:

– Ontem à noite um ladrão entrou na casa da Sra. Clarke pela janela do quarto e se escondeu debaixo da cama da filha dela. Quando a garota se mexeu na cama, viu um homem pegar sua bolsa e saltar pela janela.

Ficamos calados. Frankie me olhou e perguntou:

– Ela viu como ele era?

– A Sra. Clarke disse que ele usava um lenço vermelho cobrindo o nariz e a boca. – A mesma exclamação saiu simultaneamente de nossas bocas. – Ela disse que sua filha ficou apavorada, porque ele parou, se virou e olhou para ela. A menina só conseguiu ver os olhos dele.

Ficamos boquiabertos, sem acreditar no que ouvíamos. Quando contei à minha mãe a história que eu tinha inventado na noite anterior, ela me olhou, sorriu e disse:

– Foi só uma coincidência, Jamie.

Nunca consegui compreender todas as informações que recebi num nível intuitivo. Como criança, eu tinha a mente aberta, e não julgava nem racionalizava, como a maioria dos adultos.

Uma imagem espiritual

Outra experiência intuitiva aconteceu durante meu segundo ano na escola. Estávamos no recreio, o que para mim significava que eu tinha uma hora para desenhar. Eu sempre carregava uma caixa de lápis de cor e um bloco e ia para um lugar onde ninguém me incomodasse. Os lápis de cor eram varinhas mágicas e chaves para outro mundo. Minha mente vagava quando eu começava a desenhar e eu sentia como se minha mão fosse conduzida por uma força que vinha de dentro de mim. Depois de terminar o desenho, eu olhava para ele e geralmente via algum tipo de cena, mas desconhecia a que correspondia.

Naquele dia levei o desenho para casa e o mostrei à minha mãe. Era a figura de uma bicicleta de cabeça para baixo, com uma garotinha sentada perto.

– Por que você coloriu uma perna de azul e a outra de vermelho? – ela perguntou. Sacudi a cabeça: eu não sabia por quê.

No desenho havia um poste perto da bicicleta. No fundo, eu tinha desenhado uma mulher olhando para a menina. Em frente da mulher, muitas flores.

Minha mãe colocou o desenho no armário da cozinha, junto com minhas outras "obras de arte", e disse:

– É muito bonito.

Uma semana depois, eu estava vendo TV, quando minha mãe me chamou à cozinha. Quando entrei, ela segurava meu desenho. Percebi por sua expressão que alguma coisa a tinha perturbado. Ela me perguntou, brandindo o papel:

– Como é quê você sabia?

– Sabia o quê, mamãe?

Ela me mostrou a figura: – Esse desenho que você fez. A menina é sua irmã.

Eu me espantei:

– Como assim?

– Ontem, sua irmã estava andando de bicicleta e, quando virou a esquina, bateu num poste. Ela arranhou muito o joelho, e uma mulher a trouxe para casa, exatamente como no seu desenho.

Sem prestar muita atenção, respondi, antes de voltar para a televisão:

– Eu só colori o que vi na minha cabeça.

Esse tipo de coisa já me ocorreu muitas vezes quando criança. Nunca procurei deliberadamente receber informações, nem racionalizar de onde elas vinham. Mesmo hoje, quando recebo informações mediúnicas, tento não interpretá-las, porque não as quero colorir com meus pontos de vista.

O círculo de desenvolvimento

Quando me tornei adulto, já havia esquecido os muitos incidentes mediúnicos de minha infância e juventude e, como a maioria das pessoas, eu definira meus objetivos para viver no que eu chamava de "o mundo real". Isso até o dia em que tive uma sessão com o médium Brian Hurst. Ele afirmou que me tornaria um médium igual a ele. Comecei a ler muitos livros sobre o assunto, mas, como não sabia como lidar com minha percepção mediúnica, resolvi procurar a ajuda de Brian.

– Que faço agora? – perguntei. – Não quero que isso domine minha vida.

Brian sugeriu que eu participasse do seu círculo de desenvolvimento, para aprender os mecanismos da mediunidade:

– Você precisará aprender a manter a porta aberta para o mundo espiritual e também a fechá-la, quando não quiser receber suas mensagens.

No círculo de desenvolvimento, aprendi não só a estabelecer um relacionamento com as dimensões espirituais, mas também as várias maneiras pelas quais o mundo dos espíritos envia suas mensagens. Aprendi, principalmente, a importância do trabalho que faço. As palavras de Brian, na minha primeira visita ao círculo de desenvolvimento, permanecem até hoje na minha mente:

– James, a razão mais importante para ser um médium é a sua motivação.Você quer ser útil à raça humana? Você deseja fazer as pessoas entenderem que somos mais do que nossos corpos físicos e que nossa consciência sobrevive à morte? Você quer abrir o coração das pessoas para amar, compreender e perdoar? Se você se sente capaz de responder "sim" a essas perguntas, você está pronto para participar de um círculo de desenvolvimento e se fundir com o reino espiritual.

Nosso círculo de desenvolvimento acontecia uma vez por semana e começava com uma oração que ajudava todos a concentrarem a energia do local num lugar sagrado. Era como cantar um hino antes de um culto na igreja. A prece era nossa declaração ao universo de que estávamos unidos no esforço para nos mesclarmos com o espírito.

Depois da prece de abertura, aprendíamos a meditar. A meditação é a chave para o sexto sentido. Ela tem como objetivo silenciar o rumor da mente e descansar plenamente o corpo. Dessa forma, você pode começar a libertar-se do estímulo que vem do mundo exterior e tomar consciência do seu mundo interior, pois é nele que se encontra o seu Eu Superior. A conexão com o mundo interior e com o Eu Superior é feita por meio da respiração. A respiração é a energia da vida. A primeira coisa que precisei desenvolver foi a relação com o ritmo da minha respiração.

À medida que aprendi a dominar o ritmo da minha respiração,

pude me concentrar nela cada vez mais. Lenta, mas firmemente, os problemas e desejos cotidianos iam desaparecendo e eu me concentrava totalmente na respiração. Passei também a me dar conta do turbilhão de pensamentos que atravessavam minha mente. Eu os observava, mandava-os embora quantas vezes fossem necessárias e voltava a me focalizar na respiração.

À proporção que passavam as semanas e os meses, eu sentia cada vez mais a energia subindo e descendo na minha espinha dorsal. Também conseguia sentir essa energia cercando todos na sala. Foi então que descobri que eu estava captando a aura.

Após vários meses, comecei a sentir pensamentos e sussurros percorrendo a minha mente. Passei também a tomar mais consciência de mim mesmo e, ao mesmo tempo, de todas as pessoas sentadas no círculo. Em seguida, comecei a ver no olho da minha mente as formas de seres espirituais em volta do grupo. Quando eu focalizava minha atenção nessas formas, via lampejos de rostos. Eu descrevia então para os demais participantes do círculo o que tinha visto. Às vezes outra pessoa havia visto a mesma coisa. À medida que eu ia praticando, minha percepção aumentava. Quando não víamos espíritos, nos harmonizávamos com a energia da pessoa sentada ao nosso lado ou com qualquer outro tipo de energia da sala.

Semana após semana, sentávamos fielmente em nosso círculo e pouco a pouco progredíamos em nossa percepção mediúnica. Ao mesmo tempo, o mundo espiritual tinha oportunidade de participar a partir do outro lado. Como éramos persistentes e dedicados, os espíritos apareciam e usavam nosso ritual semanal para treinar a transmissão de mensagens para nós. Descobri que os espíritos precisam treinar suas aptidões, da mesma forma que precisamos conhecer as nossas a fundo. Um espírito costuma ser atraído por alguém com quem tenha afinidade. Lembre-se que "os semelhantes se atraem", e os espíritos, tal como as pessoas, se dirigem àqueles que os compreendam e que julgam capazes de compreendê-los.

Como já disse antes, é importante que, ao participar de um círculo de desenvolvimento, sejamos movidos por ideais elevados e não nos deixemos levar pelo brilho ou curiosidade dos fenômenos mediúnicos. O objetivo é fazer crescer as mais elevadas qualidades espirituais de todos os envolvidos.

O círculo de desenvolvimento é realmente o único local onde se pode praticar e aprender a expandir a consciência, combinando nossa energia com a do mundo espiritual. Quanto mais me dediquei a praticar essa comunhão, com paciência e cooperação, mais tive condições de me desenvolver como médium. Pouco a pouco minhas conexões foram cada vez mais se fortalecendo.

A amoreira

Um ano depois de entrar para o grupo de Brian, comecei meu próprio círculo de desenvolvimento. Reuni pessoas conhecidas que tinham uma perfeita afinidade entre si. Esse grupo se dispunha a ajudar a descobrir as aptidões intuitivas de cada um de seus membros.

Nosso círculo de desenvolvimento se encontrava todas as terças-feiras, às sete da noite. Para assegurar o sucesso do círculo, seguíamos certas normas. A primeira e mais importante era nos reunirmos sempre às terças-feiras, à mesma hora. Era nosso compromisso fixo com os espíritos. A segunda regra era que as mesmas pessoas comparecessem todas as semanas. O mundo espiritual insistia nessas regras para poder continuamente formar o espírito do círculo. Novas pessoas dispersariam a energia estabelecida, e os guias espirituais teriam de voltar à estaca zero para restabelecer a energia do local a cada encontro. A terceira norma determinava a importância de nos sentarmos num círculo, alternando homens e mulheres, para equilibrar a energia.

No decorrer da semana, especialmente no dia do nosso círculo, procurávamos manter nossas mentes em estado positivo e entusiástico. É muito mais fácil para o mundo espiritual transmitir suas mensagens quando você está numa vibração positiva e afetuosa do que num estado negativo e pessimista.

Após os cumprimentos e as saudações, sentávamos em círculo,

sempre na mesma cadeira que cada um tinha ocupado na semana anterior. Eu começava cada sessão com uma prece de abertura:

> Mãe, Pai, Deus. Queremos pedir suas bênçãos para nosso círculo esta noite e pedir que as mais elevadas verdades do espírito nos envolvam e nos usem de acordo com sua vontade divina. Pedimos sua assistência para desenvolver nosso conhecimento inato e confiar na linguagem do coração. Nós agradecemos e os abençoamos.

Depois dessa oração de abertura, cada um colaborava com sua própria prece e agradecia os espíritos pela oportunidade de trabalhar com eles. Todos precisavam participar ativamente na conexão com o mundo espiritual. Não estávamos ali para ficar sentados passivamente e observar outra pessoa fazer o trabalho. Entre quarenta e cinco minutos e uma hora permanecíamos sentados em silêncio. Durante esse período, meditávamos, permitindo que várias impressões e idéias fluíssem em nós.

Essas impressões ocorriam por fases. Em geral, a primeira fase consistia em mudanças de temperatura e energia em redor de nossos corpos, à medida que os espíritos-guia começavam a se adaptar às nossas auras. Enquanto nossos guias faziam isso, transmitiam constantemente pensamentos, sensações e visões para cada pessoa do grupo. Na maior parte do tempo, esses dados visavam alguém específico. Descobri que no princípio as informações não eram recebidas com clareza, mas, à proporção que transcorriam as semanas, as mensagens ficavam mais nítidas. A segunda etapa começava quando eu sentia diretamente que meus pensamentos estavam sendo assumidos por um espírito. Eu prestava atenção a tudo o que experimentava nos outros níveis, para descrever na conclusão do círculo. No terceiro estágio, sentia quando a energia dos espíritos começava a se afastar e os seres espirituais deixavam a sala. Essas mudanças de energia foram acontecendo gradativamente durante várias reuniões, mas todos nós já conseguíamos perceber as diferenças do contato espiritual.

Em determinada ocasião, Peter, um dos membros do grupo, partilhou suas impressões conosco:

– Na verdade, foi muito estranho. No olho de minha mente, comecei a ver uma névoa no canto da sala que girava até se transformar numa espécie de bola, que começou a crescer muito e foi para o centro do círculo. Em seguida, a bola parecia um homem ajoelhado sobre um dos joelhos. O braço dele estava escorado no joelho e a mão, debaixo do queixo. Achei isso muito esquisito e continuei olhando para ver se reconhecia alguma coisa nele. Suas feições ficaram mais evidentes e, afinal, consegui vê-lo muito nitidamente. Reconheci sua aparência por gravuras de livros de história. Era Sir Thomas More. Pensei: "Por que você está aqui?" Eu não tinha nenhuma ligação especial com essa figura histórica. Então, ele desapareceu.

Todos na sala acharam a narrativa incrível. Imediatamente, Lesley, outra participante, interveio:

– Esperem um pouco! Sei o que isso quer dizer, ou pelo menos acho que sei. Cresci numa área de Londres, perto do rio Tâmisa, onde há muitas praças. No centro dessas praças existem lindos jardins. Quando pequena, costumava ir a um jardim perto da minha casa e me sentava debaixo de uma enorme amoreira, que devia ter centenas de anos. Não sei por que ela me atraía, mas eu me sentia segura ali e ficava sentada horas e horas debaixo dela, às vezes até caía no sono.

– E daí? – perguntei, sem entender a ligação.

Ela prosseguiu:

– Bem, conta a lenda que Henrique VIII e Thomas More costumavam descansar debaixo daquela mesma árvore.

Quando ela disse isso, todos respiraram fundo.

– Que é que você acha que ele queria aqui? – indaguei, quebrando o silêncio.

Peter respondeu:

– A sensação que ele me passou foi de cordialidade, afeto e aprovação. Ele foi uma figura importante na sua infância? – perguntou a Leslie.

– Bem, talvez. Quando eu me sentava debaixo da árvore, costumava pensar em vir para a América para viver e trabalhar aqui. Foi uma coisa que eu sempre quis fazer – afirmou ela. – A América significava liberdade para fazer tudo em que se acreditava. Talvez seja essa a conexão.

– Acho que Sir Thomas More veio aqui hoje à noite confirmar que você fez a escolha certa – concluiu Peter.

Um médico ao meu lado

Havia muitas noites em que parentes falecidos das pessoas do grupo surgiam e então trocávamos entre nós mensagens ou impressões dos espíritos de cada um deles. Os momentos mais memoráveis, porém, eram aqueles em que os guias espirituais se apresentavam. Certa noite, um dos meus guias, chamado Harry Aldrich, veio a mim, ou melhor, veio *através* de mim. Eu estava num transe profundo. Quando acordei, Peter disse que ele também tinha visto meu guia no olho de sua mente e o descreveu para nós:

– Ele estava usando um paletó marrom de *tweed* inglês, um gorro de pano e óculos de aros dourados.

– Nós gravamos sua mensagem – informou Lesley. – Escutem só.

Eu tinha estado em transe poucas vezes antes. Dessa vez, embora pensasse que a reunião começara havia pouco tempo, já estávamos na sala há quase uma hora. Nós nos recostamos nas cadeiras e ouvimos a voz que falava com sotaque nitidamente inglês:

– Sou o homem que está ajudando a manter o corpo mental e espiritual desse médium no ritmo. Eu era conhecido como Harold Aldrich e praticava clínica-geral em Londres. Gostaria de ter podido ajudar os necessitados, quando estava na Terra, mas ai de mim! O tempo pode certamente ser o pior inimigo do homem. Vou agora lhes contar que esse homem que se encontra entre vocês tem um trabalho a fazer, pois ele é professor para muitas almas. Ele está aqui para mostrar aos outros como amar. Seu espírito é muito forte, e inúmeras pessoas vão querer esgotá-lo mental e fisicamente. Peço a vocês todos que fiquem atentos para garantir o bem-estar dele, pois a mensagem que ele traz é importante. Como grupo, vocês criam uma força de amor forte o bastante para permear os céus.

A fita continuou com o Dr. Harry nos informando que ele me daria assistência para ajudar outras pessoas a curarem desequilíbrios emocionais e físicos. Ele também manteria minha energia fortalecida. O Dr. Harry deixou claro que Peter deveria agir como meu mentor ao transmitir as palavras sobre a vida após a morte num livro que eu estava destinado a escrever. Ele mencionou mais de uma vez que era o representante de uma equipe de espíritos do *outro lado* do véu.

Quando a fita acabou, eu estava estupefato. Olhei para todos e comentei:

– Bem, acho que isso quer dizer que tenho trabalho a fazer, não é?

Fiz uma prece de encerramento e assim terminou nossa noite.

A intuição desempenha um papel importante ao canalizar energias superiores. Por isso não devemos nunca descartar nossas sensações, como se fossem uma idéia tola. Mais tarde, percebemos que nossa impressão estava certa e que perdemos uma oportunidade, ao confiar mais em nossa lógica do que na nossa intuição. Já vi isso acontecer muitas vezes, nas mais diferentes circunstâncias. Paciência e persistência são as chaves para discernir entre nossos próprios pensamentos e os dos espíritos.

Não tenho nenhuma dúvida de que você já utiliza seu poder intuitivo, mas talvez não tanto quanto gostaria. Tudo bem. O melhor momento para começar é exatamente este em que você lê este livro. Só é possível desenvolver a percepção mediúnica com que você nasceu através da prática e com persistência. É um processo de sintonia em que o instrumento é seu próprio sexto sentido.

3 A AURA
O Campo Energético de Luz e Cor que nos Rodeia

Percepção e intuição são as primeiras vias de acesso para o mundo dos espíritos. A segunda via é sua aura. No meu trabalho, conheço a importância de se manter uma aura sadia, radiante e funcional. Como sou capaz de visualizar e identificar a energia, a luz e as cores que compõem o campo eletromagnético de uma pessoa, consigo compreender como nossos corpos, nossas mentes e nossas emoções são influenciados pelas condições de nossa aura e vice-versa. Esse campo invisível de energia é formado por camadas de energia de vida e força e está sempre vivo, ativo e consciente.

Pense na aura como uma casca reluzente de vidro que cerca seu corpo. Desde o momento da sua concepção até o fim de sua encarnação física, sua aura acumula cada pensamento, palavra, sentimento e ato de sua vida. Assim como a chuva, a terra e a poeira revestem uma superfície de vidro, sua aura é coberta por pedaços de anos de experiências de vida.

Agora, imagine que você nunca limpasse esse vidro. Seria impossível ver através dele. Sua visão da estrada da vida seria extremamente limitada. Você não conseguiria pensar claramente, sentiria muita insegurança e desproteção, e provavelmente terminaria tomando decisões erradas ou não decidiria nada. Não conseguiria chegar aonde quer ir.

A única forma de ver, sentir, fazer e viver com liberdade total é mantendo seu escudo áurico. Para realizar seus desejos, você depende da condição desse campo eletromagnético de energia. À medida que você estuda a aura e suas muitas camadas, sua visão mediúnica se desenvolve gradativa e naturalmente.

As camadas da aura

No momento da concepção, quando o esperma penetra no óvulo, surgem os campos eletromagnéticos do pai e da mãe. O óvulo só aceita o espermatozóide que combinar perfeitamente com sua própria esfera eletromagnética. É por isso que digo a meus alunos que ninguém está aqui por acidente. Nós escolhemos nossos pais. Esta escolha é feita pela alma antes de encarnar na Terra. No ponto exato em que ambas as esferas se fundem libera-se uma explosão de cor, criando um novo campo eletromagnético que se torna a aura do embrião humano. Começa a divisão das células e formam-se os cromossomos. A palavra latina *chromus* quer dizer "cor". Esses cromossomos são suas verdadeiras cores áuricas.

No interior da aura ficam todas as informações necessárias à vida, incluindo sua linhagem genética e ancestral, um registro de suas vidas passadas e os contratos e lições cármicas que você pretende resolver nesta vida.

Sua aura é composta de muitas camadas ou "corpos" (que descrevi em maiores detalhes no meu livro *Em Busca da Espiritualidade*). Dentro dessas várias camadas da aura estão os padrões de energia que afetam sua personalidade física, emocional, mental e espiritual. À medida que você percebe os padrões energéticos de sua aura, descritos a seguir, compreende de que modo eles podem nos influenciar. Aprender a reconhecer esses padrões de energia vai ajudar a aumentar sua percepção mediúnica.

A CAMADA ETÉREA

A camada etérea ou corpo duplo é o corpo energético que envolve o corpo físico. É uma cópia exata do seu "eu" físico. A camada etérea age como uma mesa telefônica entre a alma de uma pessoa e seu corpo físico.

É essa camada que influencia seu DNA. Para objetivos mediúnicos, acredito que o DNA contém um padrão de percepção que está sempre se alterando, mudando e avançando para manter a forma que melhor se enquadre na sobrevivência da raça humana.

Da camada etérea emanam os sete chakras ou principais sistemas de energia do corpo humano. Cada chakra do corpo etéreo tem sua própria cor, e a cor varia de acordo com os pensamentos, humores e o ambiente da pessoa.

Os chakras também contêm freqüências vibratórias, sons e aromas. Eles se assemelham a rodas ovaladas que giram. Todo chakra se inter-relaciona com os outros e se conecta a todos os pontos de nossos corpos físicos. A luz superior dos chakras superiores alimenta os chakras inferiores.

A maioria de nós se comunica por meio de vários chakras ao mesmo tempo, principalmente nos três centros inferiores: raiz, baço e plexo solar. Quando queremos nos comunicar a partir dos níveis superiores ou espirituais, nós o fazemos por meio do terceiro olho e do chakras da cabeça. Para que isso aconteça, os chakras devem estar funcionando em freqüências ótimas.

Num sistema saudável, todos os centros dos chakras giram no sentido dos ponteiros de um relógio e todos se interconectam. Quando um sistema de chakra está totalmente aberto e funcional, é possível viver da própria respiração, sem alimento nem água. A energia que flui desse corpo é fundamentalmente livre de todas as toxinas.

Lamentavelmente, a maioria de nós não tem um sistema saudável de chakra. Um ou mais chakras podem estar desligados ou girando em oposição aos ponteiros de um relógio. Isso em geral se deve ao estilo de vida, crenças, temores e experiências. Quando a energia é bloqueada em um de nossos centros de chakras, surgem os sintomas físicos de doenças.

A CAMADA ASTRAL

A próxima camada da aura é o corpo astral. Essa camada corresponde basicamente ao estado emocional da pessoa. A camada emocional diz respeito principalmente ao passado e é impulsionada por programas desenvolvidos na infância e em experiências passadas. Ela tende a formar ligações com pessoas, lugares e objetos.

Por exemplo, um amigo perdeu seu pai aos seis anos de idade. Perder a mãe ou o pai na infância pode condicionar na pessoa sensações de abandono. Isso ocorreu com meu amigo. Ele se envolvia em relacionamentos em que era sistematicamente rejeitado e vivia sendo demitido dos empregos que conseguia. Isso só fazia aumentar sua sensação de abandono, transformando-se num círculo vicioso. Finalmente, ele reconheceu que precisava aprender a lidar com a dor da perda do pai. Quando conseguiu se livrar das sensações de abandono, tristeza, medo e raiva que o acompanhavam, pôde deter a roda cármica impulsionada por essa experiência de carga altamente emocional.

Como se pode ver, a camada astral funciona em harmonia com as lições cármicas que uma alma escolhe aprender em cada vida. Atraímos pessoas específicas com o propósito de completar os relacionamentos cármicos.

A CAMADA MENTAL

A terceira camada principal da aura focaliza principalmente o futuro. Este é o corpo mental, que vive na Terra do "e se". Essa camada detesta mudanças e prefere comportar-se de maneira repetitiva. A maioria dos hábitos está enraizada no corpo mental. Esse corpo mental quer controlar as coisas o tempo todo e tenta sempre dominar o corpo emocional. Não se importa com os sentimentos e impele a pessoa a repetir sempre um mesmo padrão de comportamento.

A camada mental é o abrigo do pensamento. Sempre afirmei em meus livros anteriores e nos meus seminários que os pensamentos são coisas reais. Eles são tão tangíveis e perceptíveis quanto seu carro, mas você não consegue vê-los com seus olhos físicos. Pensamentos são como raios X, microondas, ondas radiofônicas e eletricidade: existem num nível de freqüência diferente do de nossos corpos. Você usa seu microondas para aquecer comida, mesmo que não veja fisicamente as microondas. Alguma coisa está funcionando e você se beneficia dela. Os pensamentos também estão sempre funcionando e você pode se beneficiar ou se meter em problemas por causa deles. Os pensamentos se filtram através do seu corpo mental da mesma forma que as ondas de rádio emitem sinais para seu televisor. A camada mental é sua conexão com a área mediúnica: seus pensamentos têm muita importância.

Como as ondas de rádio, os pensamentos são vibracionais e invisíveis. Eles permeiam a atmosfera, viajando como correntes elétricas de pessoa a pessoa. Somos como esponjas ambulantes: absorvemos todos os pensamentos que nossos amigos, amantes, filhos, colegas de trabalho e até estranhos têm em relação a nós. Isso pode ser tanto positivo quanto negativo para nosso bem-estar.

Reconheci esse fenômeno quando comecei a esquadrinhar os campos energéticos das pessoas que vinham me procurar para sessões. Quase sempre eu conseguia captar os pensamentos de outras pessoas dentro do campo áurico de meus clientes. Uma amiga médium certa vez fez uma observação que define exatamente essa idéia de que somos esponjas ambulantes: "Não é o *que* está errado com você; é *quem* está errado com você."

A maior parte dos médiuns utiliza a camada mental da aura para receber informações do mundo espiritual. As informações recebidas do corpo mental geralmente parecem imaginárias e fantásticas, por isso a maioria das pessoas costuma ignorá-las. Contudo, quanto mais uma pessoa se torna sensível às sutilezas e à energia do espírito, mais essa camada se fortalece e começa a cumprir seu objetivo de ser um elemento de ligação com o espírito.

A CAMADA QUETÉREA

O corpo superior, ou camada quetérea da aura, é uma linda luz dourada que fica aproximadamente a um metro acima da superfície do corpo físico. Dentro dessa camada está a capacidade de aprender, crescer e se curar. Todas as tarefas concluídas pela alma ficam registradas nessa camada: é o vínculo da alma com os Registros dos Chakras. Esses Registros são os detalhes cósmicos da existência de todas as pessoas desde o início do mundo. Cada momento de sua vida, seja físico ou não, está indelevelmente registrado nessa consciência cósmica. Em outras palavras, os Registros dos Chakras contêm todos os pensamentos, sentimentos, experiências, sutilezas, impulsos, detalhes da existência inteira de uma pessoa.

Agora que você tem uma idéia da composição da aura, pode começar a entender por que ela constitui um elo vital com nossos encontros mediúnicos. A aura é a ponte para o que não se vê. Por meio dela, somos capazes de nos harmonizar com as dimensões mais sutis do espírito. Quanto mais potente for sua aura, mais fácil será receber mensagens úteis de seus amigos espirituais. Quanto mais frágil for a aura, mais provável será atrair energias e entidades negativas para sua vida.

Sempre que alguém me procura para uma sessão, eu me adapto à aura da pessoa para acessar os espíritos ao seu redor. Devo também certificar-me de que sua energia está adequadamente estabelecida. Isso tornará mais nítida a conexão mediúnica com o reino dos espíritos. Se a pessoa está emocional ou mentalmente instável, é mais difícil obter um canal claro e livre com o *outro lado*.

O relato seguinte exemplifica o que pode acontecer quando sua aura fica vulnerável às influências negativas criadas pelos seus próprios pensamentos ou pelos pensamentos alheios.

O conjunto de velcro

Há alguns anos, uma mulher chamada Rachel veio ao meu escritório. No momento em que ela surgiu, percebi que havia algo muito errado com ela. Seu rosto estava pálido e cadavérico, seus olhos eram opacos e inexpressivos. Eu sabia que ela trazia algo consigo e imediatamente a convidei a sentar-se para poder ajudá-la.

– Como tem passado?

– Ando mais cansada do que o normal. Sinto dores e muita inquietação – respondeu Rachel.

Eu lhe disse que antes de tentar me comunicar com os espíritos, gostaria de entrar em contato com seu campo energético para ver o que poderia descobrir. Ela concordou.

Logo que me concentrei intuitivamente na sua aura, percebi várias formas de pensamentos muito diferentes do resto de suas vibrações. Deduzi que a energia em redor de Rachel não era dela e a estava afetando terrivelmente.

Em seguida, minha clarividência me mostrou eletricidade estática em volta da cabeça da mulher, semelhante a fogos de artifício estourando em todas as direções. Falei então:

– Em primeiro lugar, devo dizer-lhe que você está extremamente ocupada, com muita energia mental ao seu redor.

Vi então uma variedade de cores e formas rodeando-lhe a cabeça e os ombros.

– Você costuma ter dores de cabeça que se originam da nuca, bem na parte superior da coluna?

– Costumo – respondeu Rachel. – Normalmente, no fim do dia.

– Isso combina com o que estou vendo.

Continuei a pesquisar seu campo áurico e subitamente senti um grande mal-estar: vi esferas escuras de energia em espiral ligadas a várias partes do corpo dela. No alto de sua cabeça, enxerguei uma raia vermelha perfurante, parecendo um rosto que gritava. Várias criancinhas agarravam-se à vida junto ao centro do coração da mulher. Na parte esquerda da cabeça, vi notas de dinheiro em chamas. Raios vermelhos e negros se movimentavam entre a garganta e a cabeça. Isso, em geral, indica haver muita raiva na pessoa. Os ombros de Rachel pareciam estar sendo empurrados para baixo por uma grande força.

Nesse instante, algo assustador apareceu: vi um homem de barba marrom-escura sentado no espaço energético da mulher. Seus dedos pareciam grandes pregos enterrados em cima da cabeça dela.

– Devo dizer-lhe que você me parece uma esponja mediúnica: você absorve a energia de muita gente e fica agarrada a ela. – Prossegui, descrevendo o que via: – Existe uma pessoa próxima a você, um homem de barba escura e olhos verdes, que é muito controlador. É verdade?

Ela ficou surpresa:

– Existe.

– A imagem desse homem está na sua aura e ele está debilitando sua energia: está controlando a área das suas costas.

– É isso mesmo. Sei quem é ele. Tenho tido dores de cabeça desde que o abandonei.

Depois que descrevi minhas impressões em maior detalhe, ela confirmou o que eu lhe tinha dito:

– Há quase um ano me divorciei e desde então minha vida transformou-se num inferno. Meu ex-marido tem me ameaçado e apavorado meus filhos. Na semana passada finalmente consegui uma ordem judicial para que ele se afaste de nós.

Rachel começou a chorar enquanto prosseguia contando a terrível situação em que se encontrava:

– Tínhamos um negócio juntos e descobri que ele desviava todo o nosso dinheiro para dar a outra mulher. – Ela irrompeu em soluços: – Temos três filhos. Ele afirmou no tribunal que eu não era boa mãe e queria a custódia exclusiva das crianças. Ele tentou até fazer com que as crianças ficassem contra mim. Sinto tanta raiva, que só tenho vontade de gritar.

– Lamento muitíssimo saber de sua situação – disse, suavemente. – Se você aprender a recuperar seu poder e não deixar que seu ex-marido penetre no seu espaço, não se sentirá tão indefesa.

Ela me olhou com seus grandes olhos castanhos:

– Eu sou capaz disso?

– Você sabe que o velcro adere fortemente, não sabe? – perguntei. Ela concordou com a cabeça, e prossegui: – Bem, é como se você estivesse usando uma roupa de velcro. Há formas de pensamento e energia emocional, como raiva e medo, que ocupam seu espaço e grudam em você como se fossem velcro. Isso ocorre porque seus próprios sentimentos de raiva e medo estão atraindo essas coisas para você. Mas o velcro também tem uma vantagem: você pode descartar-se dele quando quiser, sem dificuldade. Basta saber como proceder.

Descrevi como poderia controlar a própria energia ao fortalecer sua aura e lhe mostrei como proteger sua aura dos pensamentos e das emoções de outras pessoas:

– É importante que você treine diariamente até começar a recuperar sua energia. Dê um passo de cada vez todo dia, até sentir que recobrou sua auto-estima.

Quando terminei essa conversa, senti que os espíritos já lhe tinham transmitido as informações que ela precisava ouvir.

Uma aura enfraquecida

Captar auras difere de pessoa para pessoa. Algumas são capazes de ver os turbilhões de energia que penetram na aura, enquanto outras vêem formas de pensamentos. Outras ainda captam apenas parte da aura ou algumas de suas muitas camadas. Eu já vi várias camadas, cores e densidades do campo áurico. Ver cores é especialmente gratificante quando a pessoa está saudável e feliz. As cores podem ter a aparência de uma linda explosão de fogos de artifício.

Por outro lado, quando vejo uma aura como a de Rachel – turva, densa, salpicada de manchas negras e cheia de estática –, sei que essa pessoa está presa a pensamentos de raiva, ira, violência, preconceito ou ressentimento. A falta de saúde pode surgir nas cores castanha, vermelho-escura ou cinzenta. A extensão e a intensidade da descoloração indicam o grau de enfermidade da pessoa.

Trauma emocional, dor física e doença, padrões de vício e abuso de drogas, sistemas de crenças negativas, estresse, perda de algum ente querido, energia de outras pessoas, entidades astrais inferiores, relacionamentos abusivos – todas essas coisas contribuem para enfraquecer a aura.

Até os alimentos podem influenciar a condição da aura. Comer carne de um animal que tenha sido maltratado e medicado traz essa energia dolorosa para o seu próprio sistema. Não estou dizendo que todo mundo deva ser vegetariano, mas precisamos compreender que a vibração de uma coisa viva se torna parte de nosso sistema quando a ingerimos como alimento. Se dedicássemos algum tempo para nos harmonizar com nossos corpos, facilmente avaliaríamos quais são os alimentos adequados para nós.

Cafeína e álcool em excesso podem provocar uma devastação em nosso campo áurico. Esses estimulantes agitam o sistema nervoso e fazem com que nossa imaginação trabalhe em demasia, às vezes percebendo coisas que nem sequer existem. Por outro lado, frutas, sucos e legumes ajudam a limpar nosso sistema e a mantê-lo limpo.

Os padrões negativos da aura podem tornar-nos vulneráveis às influências nocivas de outras pessoas. Isso pode virar um círculo constante e vicioso. Portanto, é muito importante compreender que somos os criadores de nosso próprio mundo. A energia de outras pessoas só nos afetará se não limparmos, purificarmos e protegermos nossa aura.

Defeitos da aura

Existem muitos defeitos energéticos que contribuem para enfraquecer a aura. Vamos examinar cada um deles.

PERDAS DE ENERGIA

As perdas de energia ocorrem onde o material da camada áurica foi danificado ou se definhou, e parecem gotas de tinta escura na água clara. São geralmente encontradas nas camadas etérea e astral da aura, mas podem estender-se a camadas superiores se não forem tratadas. Essas perdas de energia acontecem quando existe um ferimento no corpo, uma cirurgia, uma doença crônica, choques emocionais e psicológicos. Costumam causar mal-estar físico e podem levar a sintomas mais sérios, como dores de cabeça crônicas, dores nas costas, fadiga, crescimento celular anormal e disfunção endócrina.

LÁGRIMAS

As lágrimas ou rasgões aparecem ao olho mediúnico como rachas ou buracos no tecido áurico. Lágrimas são mais graves do que as perdas de energia. A maioria das lágrimas é causada por um choque ou trauma agudo, tal como a morte súbita de um ente querido, acidentes, abuso sexual e físico, abuso de drogas e álcool, e circunstâncias que provoquem níveis arrasadores de estresse no corpo, na emoção e na psique. Lágrimas são coisa séria: elas nos deixam sem proteção áurica. Quando você tem lágrimas na aura, pode sentir fadiga crônica, depressão, distúrbios digestivos, enxaquecas, dores artríticas e deficiência imunológica. O esgotamento da aura é um subproduto das lágrimas e das perdas de energia no campo eletromagnético. Isso nos faz vulneráveis a ataques mediúnicos, a sermos controlados por entidades e às vezes até a morte.

IMPUREZAS ENERGÉTICAS

Outras formas de esgotamento da aura são conhecidas como impurezas energéticas, que são zonas de estagnação e bloqueio. Essas áreas inibem o fluxo livre de energia na aura. As impurezas têm várias formas e muitos tamanhos, e são também causadas por padrões de pensamentos negativos, baixa auto-estima, raiva e rancor, ressentimento e dor, abuso de substâncias tóxicas, tendências autodestrutivas e relacionamentos prejudiciais. Os sintomas de impurezas na aura incluem confusão, distúrbios obsessivo-compulsivos, comportamento maníaco-depressivo e distúrbios alimentares.

ENERGIA ÁURICA EXCESSIVA

Níveis constantes de estresse e preocupação causam excesso de energia áurica, que surge como eletricidade estática ou centelhas elétricas na aura, principalmente em volta da cabeça. Isso é devido à energia mental excessiva ou especialmente dominadora. Como médium, consigo reconhecer isso em mim. Geralmente, após uma viagem prolongada na qual estou constantemente em contato com as auras de outras pessoas, volto para casa com um acúmulo de energia. A primeira coisa que costumo fazer ao chegar é limpar minha aura. Se não recuperar meu equilíbrio e liberar essa energia excessiva, costumo ter dores de cabeça e resfriados. Energia áurica excessiva pode levar a insônia, dores nas costas, depressão, problemas respiratórios, como resfriados e gripes, pressão sanguínea alta ou baixa, disfunção hormonal (especialmente nas mulheres), bloqueio linfático e problemas de sinusite e alergia.

DESCOMPRESSÃO

Por último, uma aura descomprimida é causada por todos os fatores citados. Quando a aura está descomprimida, ficamos totalmente expostos a invasões por entidades, e qualquer pessoa pode penetrar no nosso sistema e tirar nossa energia. As emoções que causam o maior dano ao campo energético são o medo e o desejo excessivo, pois ambos se desenvolvem na nossa imaginação. Se tememos ou desejamos obsessivamente uma coisa, podemos nos tornar presas de seres dos mundos astrais. A melhor maneira de sair dessa situação é procurar deliberadamente desapegar-se do medo e do desejo presentes em nossa imaginação e transferir a atenção para algo mais. Os sintomas de uma aura descomprimida incluem ansiedade, nervosismo, disfunção da tireóide, insônia, pesadelos, medos e fobias não identificados, falta de ar, asma, problemas cardiovasculares, claustrofobia, distúrbios estomacais e digestivos e depressão a longo prazo.

Sob influências malignas

Há muitos anos, uma moça chamada Jane foi ao meu escritório acompanhada pelo pai. Imediatamente notei buracos enormes e abertos em sua aura. Logo compreendi por que ela parecia tão desanimada e deprimida: tinha vários problemas que a deixavam fraca e desprotegida.

Sem hesitar, disse:

– Você deve parar de andar com certos amigos.

Jane ficou surpresa com meu comentário abrupto, e verifiquei que ela era extremamente vulnerável às opiniões alheias:

– Mas como posso fazer isso? São meus amigos.

Quando vi Jane agindo como uma vítima indefesa, tive de falar como um pai ou mãe educando uma filha:

– Essas pessoas são nocivas porque têm uma energia escura e odiosa e fazem com que você desça ao nível mais baixo. Você ficou muito dependente delas.

O pai concordou comigo. Ele também estava muito preocupado com o bem-estar da filha.

– Se você não abandonar essas más influências, vai sofrer terríveis conseqüências – insisti.

Sugeri alguns exercícios que Jane poderia fazer para mudar a energia que cercava sua aura. Esforcei-me para incentivá-la a tomar providências imediatas para se afastar de seus assim chamados amigos.

Infelizmente, Jane não mudou, ou talvez não conseguisse mudar sua conduta. Dois anos depois de nosso encontro, soube que ela tinha morrido num acidente de carro. O motorista, que também morreu, bêbado ao volante, era um de seus amigos perturbados, uma pessoa que Jane julgava indispensável na sua vida.

O que pude ver na aura dessa moça me informou muito sobre ela. Buracos abertos, como os do campo áurico de Jane, costumam indicar perigo iminente. Seus amigos eram o que chamo de vampiros mediúnicos. Sua influência negativa era complicada, porque Jane abusava de bebidas alcoólicas, e a combinação dos dois elementos debilitava sua aura de tal maneira que entidades astrais inferiores e não-evoluídas se fixaram nela. Jane não tinha uma aura bem fortalecida que a protegesse da ameaça do controle persuasivo que seus amigos exerciam sobre ela, e precisaria tomar sérias providências para reconstruir seu poder e sua confiança. A primeira seria liberar o medo, e, em seguida, investir para mudar seu processo racional de desespero para esperança e otimismo. Tudo isso lhe fortaleceria a aura. Não seria um processo fácil, mas pelo menos ela teria uma oportunidade de lutar contra as condições negativas que dominaram sua vida.

A aura radiante

Embora seja quase impossível passar pela vida evitando as energias e os pensamentos de outras pessoas, você pode fortalecer seu campo energético para que nada penetre no seu espaço. Para manter uma aura equilibrada e sadia, é preciso nutrir-se de sentimentos de amor, bondade e especialmente perdão. Quando sua aura é sadia e vibrante, você também terá boa saúde, relações agradáveis, equilíbrio emocional e capacidade de se proteger do mal. Você já se perguntou por que uma mulher grávida parece brilhar? Espiritualmente falando, é a aura pura e brilhante do bebê que reluz através dela.

Uma aura pode ser tão forte que calamidades como guerra, terremotos e doenças contagiosas não conseguem penetrá-la. Como é que certas pessoas sobreviveram à peste negra há centenas de anos, enquanto milhares sucumbiram a ela? Pode ser que alguém atribua o fato de ter sobrevivido a um sistema imunológico forte. Na verdade, elas possuíam um forte campo áurico.

O mesmo pode ser dito a respeito de pessoas que sobrevivem dias enterradas sob edifícios após um terremoto. Os sentimentos de coragem, fé, esperança e confiança ajudam a formar uma aura forte. E uma aura forte ajuda a proteger a pessoa.

A melhor maneira de fortalecer sua aura é, em primeiro lugar e fundamentalmente, se aceitando como um ser espiritual. Diariamente, faça orações, medite, multiplique pensamentos e gestos de amor, generosidade, gratidão e respeito por si, pelo universo e por todos os seres vivos. Isso não apenas vai aumentar esse campo de energia eletromagnética ao seu redor, como se expandirá e ajudará a elevar outras pessoas.

Florzinha

Certa manhã, antes de dar início a meus compromissos, fui cumprir meus rituais costumeiros e me preparar para os espíritos. Quando comecei a meditar, uma energia de luz azul, linda e encantadora surgiu no olho da minha mente. A única forma de descrevê-la é dizer que me senti como se estivesse sentado num jardim, logo depois de ter caído uma chuva primaveril. Tudo me pareceu renovado e vivo. Embora eu não percebesse nenhum espírito na sala onde estava, senti que essa energia devia pertencer a alguém que me visitaria naquele dia.

Às onze horas tocou a campainha e uma mulher chamada Lynda entrou em minha casa. Imediatamente fui envolvido por sua energia positiva. Seu sorriso era cordial e agradável, e ela foi logo me abraçando. Normalmente as pessoas são cautelosas e reticentes quando vêm me consultar pela primeira vez. A maioria sente-se temerosa ou insegura sobre o que esperar. Mas Lynda me cumprimentou efusivamente, como se fosse minha melhor amiga. Nesse instante compreendi que era a energia de Lynda que eu tinha sentido mais cedo. Seus pensamentos vieram até a mim antes que ela chegasse fisicamente.

A sessão começou quando me harmonizei com o campo energético de minha visitante, como costumo fazer com meus clientes.

– Sua energia é incrível – disse. – Sou abençoado por estar na sua presença.

Levemente constrangida, Lynda me agradeceu. Continuei:

– É um grande prazer conhecer alguém como você. É muito raro uma pessoa vir aqui sem uma enorme carga negativa.

– Você é muito gentil em dizer isso, James. Mas eu sou apenas eu – respondeu ela, sorrindo.

Isso era uma grande verdade.

À medida que me harmonizava mais profundamente com a energia que a cercava, eu me sentia como se estivesse abrindo uma porta pela qual uma luz incrivelmente calorosa e bela tivesse entrado. Sua aura estava cheia de uma energia maravilhosa. No alto de sua cabeça havia notas musicais. Na parte à direita de seu campo energético vi fileiras de flores, a maioria rosas, de cores vibrantes e vivas, tão nítidas como se eu as estivesse tocando num jardim. Ao redor de sua garganta havia uma luminosa luz violeta combinada com um tom de azul vivo. Sempre que vejo essas cores em volta da garganta, sei que a pessoa é muito criativa. Descrevi para Lynda o que estava vendo.

– Sim, isso faz sentido – ela disse. – Sou professora de música e de canto.

Eu perguntei sobre as flores.

– Desde criança, adoro flores. Meu pai era um jardineiro apaixonado e me ensinou a apreciar a natureza. Aprendi muito sobre flores e árvores com ele. Gosto especialmente de rosas e tenho muitas roseiras raras em meu jardim. Acho que a coisa de que mais gosto é ficar no jardim com os olhos fechados, me deleitando com os aromas. Toda manhã eu me sento no jardim e medito. Posso dizer que a natureza me enche a alma.

– Bem, você é uma pessoa linda interna e externamente. A luz e as cores em seu redor são extraordinárias. Você parece atrair cores vibrantes.

Nessa altura, reparei que o espírito de um homem estava de pé ao lado de Lynda. Usava uma camisa xadrez e seu cabelo era louro.

– Lynda, está aqui um homem que diz ser seu pai. Ele está dizendo a palavra "florzinha". Esse homem está chamando você de "florzinha".

Lynda deu uma exclamação de alegria. Abriu um sorriso emocionado e murmurou, como uma garotinha:

– É meu pai. Ele me chamava assim porque eu cuidava das flores e conversava com elas. Tinha pena de jogar fora as que murchavam, e colecionava as mais bonitas. Por isso ele me apelidou de "florzinha".

Continuei a me concentrar em Linda e fiquei agradecido pela elevação espiritual que ela me deu. Todos nós temos a oportunidade de nos tornar fonte de fortalecimento positivo para o planeta. Quando sua aura é um raio de luz, ele se torna um campo de força, com a capacidade de transformar a energia de qualquer pessoa com quem você entre em contato e, conseqüentemente, transformar o mundo.

A aura da vida

A história de Lynda e seu amor pela natureza mostram que qualquer pessoa tem a capacidade de se comunicar com todos os seres vivos: flores, plantas, árvores, minerais e animais. Uma das maneiras de desenvolver a sensibilidade para o que não se vê é desenvolver o gosto pela natureza. Podemos começar com as plantas em nossas casas. Eu sou imediatamente capaz de saber, baseado no lamento agudo de uma planta, se ela precisa de água, ou morreu. Conversar com as plantas de nossa casa ou com as flores do jardim pode parecer tolice, mas nos ajuda a desenvolver uma ligação com a natureza e uma apreciação da vida em todos os seus níveis. Toda árvore e toda planta têm uma aura exclusiva. Sugiro a meus alunos que tentem perceber a aura de uma flor, começando por sua cor. É possível perceber os vários tons, vapores e formas em redor da flor e de suas folhas.

O mesmo acontece com as árvores. É especialmente maravilhoso ficar perto de árvores, porque elas são seres muito antigos que nos revigoravam, rejuvenescem e nos enchem de vida. Lembro-me da ocasião em que eu participava de uma conferência no norte da Califórnia. Naquele dia eu estava muito triste e resolvi dar um passeio em uma das gigantescas florestas de sequóias da área. Senti-me humilde na presença daquelas árvores magníficas. Aproximei-me de uma delas e abracei o tronco o mais que pude. Rapidamente, minha melancolia desapareceu. Foi como se eu tivesse acabado de sair de um banho refrescante de chuveiro. Agradeci à árvore por partilhar seu amor comigo e voltei à conferência me sentindo totalmente reabastecido de energia positiva.

As árvores se comunicam sempre entre si, e uma árvore é até capaz de sentir que será abatida ou destruída. A freqüência vibratória em redor dessa árvore começará a se tornar mais lenta e, com o tempo, desaparecerá. Posso ilustrar essa afirmação com a história de uma viagem que fiz ao litoral noroeste para visitar um amigo em Seattle. À medida que eu dirigia pelas grandes florestas da região, fui me sentindo tão inspirado que comecei a cantar. Então, subitamente, houve uma alteração de energia. Comecei a passar, quilômetro após quilômetro, por tocos de árvores de um metro. Era como se eu estivesse num enorme cemitério: o sentimento de tristeza era intenso e perdi a vontade de cantar. Tive a sensação de que aquelas árvores tinham sido desnecessária e criminosamente derrubadas. À distância, pude ouvir os gritos de outras árvores lamentando a perda de suas amigas. Esses gritos eram muito parecidos aos lamentos dos seres humanos numa circunstância semelhante.

A Terra tem sua própria aura, assim como as estrelas e os planetas. Pense nos seres vivos interligados e inter-relacionados, cada um constituindo um transmissor de freqüências cósmicas. O tempo, especialmente as tempestades elétricas, é a forma pela qual nosso planeta transmite certas energias dentro e fora de sua aura. Se olharmos com nossos olhos espirituais a grande gravura que é a vida, compreenderemos que mesmo os desastres naturais são um meio de transmutar energia.

Toda coisa viva desempenha um papel na evolução do planeta. A formação de freqüências lentas ao redor de nossos planetas é feita por nossas próprias expressões emocionais negativas de ambição, raiva, ódio, crueldade e dor. É nisso que os seres humanos freqüentemente participam. Entretanto, podemos mudar essas coisas e contribuir para a aura de nosso planeta emitindo generosidade, paz e amor.

Fundamentalmente é importante que você tenha consciência do estado da sua aura, porque outras pessoas intuitivamente sabem se ela é forte ou fraca. Quando você se torna consciente de seus pensamentos e ações, pode transformar aspectos negativos em aspectos iluminados, o que acentua as vibrações dentro de você, de sua casa e de seu planeta. Você pode adquirir tanto brilho, que as pessoas ficarão naturalmente atraídas por você. Sua simples presença será capaz de curar uma pessoa. Eu adoraria ver a aura de todo mundo se tornar um espelho reluzente da energia da Força de Deus, resplandecendo com a bondade inerente a todos nós.

4 SINAIS DOS ESPÍRITOS
Os Vários Métodos Utilizados pelos Espíritos para nos Contatar

Após o sucesso de meu primeiro livro, *Conversando com os Espíritos*, fui convidado para uma entrevista no programa *Oprah Winfrey Show*. Oprah estava perplexa com a natureza das comunicações com o outro mundo. Ela queria saber por que os espíritos não conseguiam dizer claramente seus nomes e dar quaisquer informações precisas, em vez de eu ter de ouvir apenas pensamentos aleatórios ou ver imagens.

Minha resposta foi exatamente a mesma que sempre dou. Em primeiro lugar, precisamos compreender que há outros níveis de consciência. Isso quer dizer que existem diferentes dimensões e expressões de vida, além do mundo físico. A relação tempo-espaço e outras leis da física podem não se aplicar a essas outras dimensões, que talvez sejam governadas por um sistema que nos é desconhecido. Portanto, os espíritos não se comunicam necessariamente da maneira que esperamos ou que estamos habituados.

Como disse a Oprah, "comunicar-se espiritualmente é como falar uma língua estrangeira. As imagens têm significados imutáveis ligados a elas, mas as palavras, não". Por exemplo, os nomes Jodie ou White nada significam, porque são simplesmente letras combinadas para formar um som. Entretanto, um determinado carro ou uma casa tem um significado claro para todos, independentemente da língua que ele ou ela fale.

Isso não quer dizer que a interpretação das imagens seja sempre correta. Muitas vezes os médiuns interpretam mal as imagens. Por exemplo, um espírito feminino tenta me transmitir alguma coisa sobre um colar que esteja usando. Ela toca no fecho preso à corrente de ouro em volta do pescoço. Eu posso vê-la tocando a garganta, mas não ver o fecho. Interpreto a imagem como "ela está com um problema na garganta", o que seria errado. Vejamos outro símbolo: nuvens. É possível que eu veja nuvens escuras e ache que se trata de "más notícias", ou nuvens brancas, e deduza que traduzem felicidade. Contudo, as nuvens podem significar outra coisa para o espírito, como confusão. Devemos ter em mente que a interpretação ou a identificação errada das imagens não significa que não nos estamos comunicando com o mundo espiritual: quer dizer apenas que não estamos compreendendo a mensagem corretamente.

Além disso, o panorama espiritual é o *pensamento*. Portanto, os espíritos se comunicam conosco através de pensamentos telepáticos. Sendo um médio mental, "leio" esses pensamentos, traduzindo-os como sentimentos, visões e impulsos auditivos. Sou capaz de interpretar essas mensagens por meio de uma energia que permeia e transcende todos os níveis da existência. Eu a identifico como a energia da Força de Deus. Outros a chamam de prana. Por falta de melhor palavra, essa energia é amor. Amor é o ingrediente que torna fortes e bem-sucedidas as comunicações com os espíritos.

É preciso também compreender que uma pessoa que morreu recentemente se encontra num mundo que lhe é completamente desconhecido. Um espírito pode ficar inicialmente confuso, porque as leis físicas a que ele estava habituado já não existem. Quando o espírito se dá conta de que não está *morto*, mas muito vivo – mais do que antes –, aprende que vive num mundo de pensamentos. Assim, ele começa a entender como utilizar o pensamento para criar o que deseja.

Uma vez adaptados ao novo mundo, os espíritos começam a ouvir nossos pensamentos de dor, tristeza e lamento. Eles vêem o sofrimento e a angústia causados por sua morte. Sabendo que continuam vivos, embora de outra maneira, querem nos reafirmar que estão percebendo tudo o que ocorre na Terra. Isso não é fácil, porque a maioria de nós fica tão arrasada pela perda que dificilmente consegue pensar na comunicação espiritual.

Dependendo da sua personalidade, das aptidões e de sua própria percepção, o espírito vai tentar de todas as formas possíveis se comunicar e fazer com que compreendamos sua existência recentemente transferida para outro local. Os espíritos tentam várias formas de comunicação e ficam frustrados porque não conseguimos entender a mensagem que estão nos transmitindo.

Outra coisa que precisa ser compreendida é que um espírito só pode se basear nas experiências de vida e nos conhecimentos de um médium para se comunicar com ele. Como não sei dizer a diferença entre um carburador e uma vela de ignição, por exemplo, seria difícil para mim entender o que um espírito quer dizer ao descrever o funcionamento do motor de um carro.

É preciso também lembrar que os espíritos se comunicam a partir de uma dimensão que vibra numa freqüência mais rápida do que a nossa e que tendem a enviar suas impressões de uma forma mais rápida do que aquela a que estamos acostumados na Terra. É preciso muita energia de ambos os lados para estabelecer essa comunicação. Por isso o médium deve concentrar-se o mais possível na informação que o espírito está transmitindo. Muitas vezes o médium fala muito rapidamente, tentando acompanhar o ritmo das mensagens dos espíritos. No decorrer dos anos, aprendi a insistir com os espíritos na necessidade de fornecer comunicações precisas. Estou sempre transmitindo aos espíritos que eles precisam falar claramente e enviar suas mensagens da maneira mais potente possível.

As pessoas freqüentemente me perguntam: "Por que os espíritos dizem coisas tão banais? Por que não nos falam sobre as coisas importantes da vida?" Os espíritos, como os humanos, têm personalidades e se utilizam de banalidades, tais como a aparência, certas realizações e até incidentes triviais, para se identificar. Eles transmitem essas mensagens banais, mas bastante específicas, para que seus entes queridos os reconheçam como "verdadeiros". Embora os espíritos tenham um grau maior de consciência e possam ver todos os pensamentos e atos de sua vida na Terra, suas almas continuam a se desenvolver. Até que uma alma alcance o nível superior, seu conhecimento da vida é limitado. Além disso, os espíritos não interferem em nossas lições terrenas. Eles não querem prejudicar nosso crescimento espiritual, dando-nos respostas, pois a responsabilidade de fazer as escolhas é nossa.

Fenômenos mentais

Então, de que maneira os espíritos nos manifestam sua presença? Dependendo de sua habilidade para manipular energia e campos eletromagnéticos, há muitas formas pelas quais um espírito pode penetrar na densa energia desse mundo que se move lentamente, que é a nossa Terra. É preciso investir muita força para refinar seus padrões energéticos. Como já disse, os espíritos empregam basicamente o pensamento para nos transmitir mensagens. Alguns dos modos mais comuns de comunicação já foram abordados aqui: clarividência, clariaudição e clarissensibilidade. Outros tipos de transmissões mentais são os sonhos, os pensamentos inspiradores, a psicografia e a mesa Ouija.

SONHOS

O sol brilhava tanto que precisei semicerrar os olhos. Verifiquei que estava num jardim cercado por rosas, lilases, narcisos e lírios. O ar era impregnado de perfumes, e as cores, vibrantes, maravilhando meus olhos. Comecei a me dirigir diretamente para os enormes carvalhos que margeavam a propriedade. Além das árvores, havia várias cabanas com tetos de palha dourada e pedras cor de pérola. Cada uma tinha um encanto próprio.

– James, venha até aqui – disse uma voz feminina.

A voz me era familiar, mas precisei me esforçar para recordar sua origem. Virei à esquerda, dei vários passos, e debaixo de um carvalho muito velho estava uma mulher. Era uma pessoa que eu tinha conhecido, mas não via havia anos. Quando voltou o rosto para mim, fui inundado pela maravilha da identificação: era Ethel, minha avó idolatrada.

– Ande logo, não demore – insistiu ela. – Quero lhe mostrar mais uma vista da minha casa e do jardim.

Nesse instante, todos os anos em que estivéramos separados deixaram de existir: era como se não tivéssemos perdido nenhum instante juntos.

Vovó estava linda, em seu vestido de bolinhas amarelas. Não parava de mexer os braços, partilhando minha alegria. Senti-me completo, vivo e feliz.

Então, de repente, essa sensação terminou abruptamente, quando me dei conta de que minha avó estava morta havia quinze anos. O som estridente do despertador rompeu o silêncio do sono. Sentei-me na cama e examinei o quarto. As flores coloridas tinham sido substituídas pela visão de minhas roupas descuidadamente atiradas na cadeira, junto da penteadeira e do televisor. Eu estava longe daquele lindo jardim e mais longe ainda de minha avó. Entretanto, a visão me parecera muito real. Será que eu tinha estado mesmo com ela?

Praticamente todos nós já tivemos uma experiência semelhante, "sonhando" com alguém que já fazia parte do mundo espiritual. Eu costumava chamar essas experiências de "sonhos", mas hoje acho que constituem mais do que isso, porque as sensações despertadas em nós são muito reais. Agora eu me refiro a esses momentos como "travessias". Toda vez que faço uma pesquisa com um auditório, 95 por cento das pessoas afirmam ter passado por um tipo de reconhecimento de sonho ou travessia no *outro lado*. Os outros cinco por cento provavelmente também os vivenciaram, mas talvez não se lembrem conscientemente deles.

As pessoas me perguntam: "Por que os espíritos nos aparecem em sonhos?" e "Por que eles não vêm quando estou acordado?". Minha resposta costuma ser a mesma: os espíritos surgem em nossos sonhos para nos reassegurar de que sobreviveram à morte física e para nos informar que são parte de nossas vidas e continuam a nos amar.

Talvez eles escolham entrar em nossos sonhos porque, quando dormimos, abandonamos nossa racionalidade e somos mais capazes de aceitar sua visita como realidade, em vez de achar que se trata apenas da realização de um desejo nosso. Sempre insisto com as pessoas que ficam em dúvida, para que pensem sobre o sonho. O espírito parecia vivo? O espírito apareceu na forma pela qual se lembravam dele? O que o espírito fez ou disse? Se os atos combinarem com a personalidade do ente querido, então era provavelmente a pessoa querendo transmitir sua mensagem.

Além de utilizar os sonhos para mostrar que ainda existem, os espíritos também usam os sonhos para nos mandar mensagens. Talvez estejam tentando nos livrar de uma situação complicada ou nos fornecendo a resposta para algum problema que estejamos vivendo naquele momento.

As principais características dos sonhos são símbolos, e é importante aprender a compreender esses símbolos. Existem muitos livros, e número ainda maior de seminários e aulas sobre interpretação de sonhos. Contudo, devemos entender que nem todos os símbolos significam a mesma coisa para todas as pessoas. Alguém que more na cidade de Nova York pode se sentir mais à vontade com o que vê e ouve naquela cidade movimentada do que com a quietude de uma cidade do interior. Por essa razão, uma cidade do interior pode representar solidão para uma pessoa, e tranqüilidade para outra. O vocabulário simbólico não é o mesmo para todo mundo. Só você pode saber o que um símbolo significa para você.

Há muitos tipos de sonhos, além do típico sonho simbólico. Nos sonhos de clarividência, há visões que mais tarde se comprovam verdadeiras. Por exemplo, uma noite dessas sonhei com um edifício todo ornamentado. No dia seguinte, ao me dirigir de carro para um compromisso, passei pelo mesmo prédio que havia aparecido no meu sonho, e em que eu nunca tinha reparado. Quando falo sobre sonhos nas minhas demonstrações, inevitavelmente alguém me conta um sonho clarividente. Um senhor me disse que tinha sonhado com um amigo que não encontrava havia dez anos: "Alguns dias depois, vi o nome do meu amigo no jornal."

Os sonhos proféticos, em geral, tratam de fatos que ocorrerão dias, semanas ou até anos mais tarde. Esses sonhos são raros para a maioria das pessoas. Entretanto, há médiuns capazes de prever terremotos e outros fenômenos, baseados em sonhos proféticos.

Ter alguém com quem possa discutir seus sonhos é provavelmente o melhor incentivo para recordá-los e registrá-los na mente. Você também pode mandar uma mensagem a uma pessoa por meio de seus sonhos. Escolha uma imagem e se concentre nela antes de dormir, na noite em que pretender enviar a mensagem pelo sonho. Se seu amigo receber a mesma imagem quando sonhar naquela noite, você saberá que sua comunicação mediúnica deu certo.

A interpretação de sonhos requer cuidado, persistência e atenção. Quando você aprender a se lembrar mais dos seus sonhos, estará a caminho de intensificar sua percepção mediúnica.

PENSAMENTO INSPIRADOR

Inspiração significa "em espírito". Por um instante, recorde todas as vezes em que você estava dirigindo um carro, assistindo a um programa de televisão, cozinhando, tomando banho e, inesperadamente, pensou em alguém já falecido, ou imaginou a forma de solucionar uma certa situação. Neste último caso, depois você se deu conta de que, se não tivesse tomado aquela iniciativa *inspirada*, teria sofrido conseqüências terríveis.

Na dimensão em que vivemos atualmente, dependemos das limitações dos sentidos físicos para nos comunicar, mas no nosso estado natural de ser, que é o espiritual, nós nos comunicamos telepaticamente. Quando você se comunica pelo espírito, já não precisa das cordas vocais para transmitir palavras, porque seus pensamentos são imediatamente recebidos por outras pessoas. Os espíritos fazem contato ao transmitir seus próprios pensamentos à nossa consciência. É assim que eles se comunicam.

Uma boa maneira de abrir-se para a inspiração é descansar a

mente. Relaxe e respire profundamente algumas vezes. Você pode fazer isso logo que acordar ou no final do dia, antes de dormir. Siga o ritmo de sua respiração e vá focalizando seu centro, onde tudo está calmo. Tente não reter nem analisar nenhum pensamento que lhe vier à mente: deixe que eles fluam. Depois de algum tempo nesse estado, abra os olhos e anote todo pensamento que tiver ou que vier num caderno. Ao meditar e aquietar a mente, você abriu o canal para o espírito e será muito mais fácil receber inspiração. Já empreguei um processo semelhante na terapia contra o sofrimento. Escrever é uma forma eficiente para liberar a mente e ajudá-la a se expressar. Expressar seus pensamentos numa carta a um ente querido que já se foi ajuda a liberar emoções represadas de tristeza, raiva, perdão ou amor.

Os espíritos ficam à nossa volta durante grande parte do tempo que passamos acordados, tentando utilizar nosso pensamento para nos influenciar a fazer as escolhas corretas. Muitas vezes clientes me dizem que, antes de chegar para sua sessão comigo – estejam no carro a caminho de me encontrar ou vários dias antes do nosso compromisso –, sentiram que um espírito os acompanhava. Várias pessoas conseguem captar a energia espiritual nas ocasiões de sofrimento. Elas me dizem: "Senti que não estava só." Afirmam que uma força invisível ou um anjo da guarda se encontrava ao seu lado.

Somos inspirados e incentivados pelos espíritos todos os dias e de todas as maneiras, mas precisamos nos manter receptivos para liberar nossos canais de transmissão.

A PSICOGRAFIA AUTOMÁTICA

A psicografia automática acontece quando o mundo espiritual nos pressiona a transmitir suas comunicações por meio de mensagens escritas. Um dos médiuns mais conhecidos por esse tipo de conexão com os espíritos era a renomada jornalista e autora Ruth Montgomery. Todas as manhãs, às nove horas, ela se sentava em frente à máquina de escrever, esperando que seus guias surgissem com suas mensagens. No início, isso acontecia espontaneamente, mas, como explica em seus livros, essa sessão de escrita automática tornou-se um compromisso permanente com os espíritos. Temos a sorte de poder tomar contato com a abundância de informações que ela conseguiu captar.

Minha primeira tentativa de escrita automática ocorreu quando eu trabalhava num emprego de horário integral em Los Angeles, a caminho de me tornar um escritor de roteiros para o cinema. Meu dia era consumido em horas intermináveis, arquivando papéis no subsolo de um edifício de escritórios. Lembro-me nitidamente da vez em que me senti mentalmente motivado a encontrar um bloco para escrever alguma coisa. Talvez minha mente já estivesse num estado alterado, devido à natureza repetitiva e enfadonha de meu trabalho. Naquele momento, supus que se tratava de inspiração e que eu estava pronto para anotar uma idéia criativa sobre um argumento que queria escrever.

Sentei-me de olhos fechados e tentei não controlar a mão. No início, meus dedos estavam leves e tênues, como se nem tocassem o papel, mas depois minha mão começou a se mexer em movimentos circulares. Percebi que estava enchendo de círculos a página. Quanto mais eu ficava com a mão na página, mais rápido vinham os círculos. Depois, aprendi que esse era o método do espírito para se harmonizar com meu campo energético e formar a energia para escrever.

Após alguns minutos fazendo círculos, comecei a escrever letras e palavras. Com meus olhos fechados, eu não sabia o que estava escrevendo. Naquele momento era necessário que eu não soubesse: eu apenas precisava estar receptivo e deixar que o espírito assumisse o controle. Quando senti que a energia espiritual tinha partido, abri os olhos e olhei para as muitas páginas que eu rabiscara. Só havia círculos, alguns mais escuros que os outros. Em algumas páginas, letras substituíam os círculos, mas não consegui decifrar os hieroglifos.

As primeiras vezes em que treinei a psicografia automática, não conseguia saber o significado de nada. Os resultados consistiam em estranhas marcas a lápis em pedaços de papel. Ocasionalmente, depois de muito me esforçar, eu era capaz de entender uma letra ou outra.

Com o tempo, as letras se transformaram em palavras legíveis e pude decifrar mais claramente as mensagens enviadas. Uma de que me recordo vinha de um espírito feminino que se chamava Estrela Matutina. Lembro-me do trecho a seguir, que tem frases muito bonitas:

> Estou próxima a você pelo coração e pela alma. Através de você e com você vamos sensibilizar muitas pessoas. Como mensageiro da paz, você vai partilhar com outros os mistérios da vida e da morte. Pois você já teve esse privilégio durante muitas existências no local distante que vocês chamam de Terra. O entusiasmo que você sente vai se propagar e juntos vamos despertar os corações para a verdade das épocas. As muralhas das trevas e da ignorância vão se transformar, pois os humanos não podem mais viver com medo e falsidade. As muralhas vão se abrir como flores voltadas para o sol. É essa paz que deixo hoje com você.
>
> Bênçãos da Estrela Matutina.

Só fui compreender o significado dessa mensagem muitos anos depois.

Continuei a treinar a psicografia automática esporadicamente, e vários guias, mestres e espíritos se fizeram conhecer. Sentimentos de amor, compreensão e alegria estavam sempre presentes quando eles entravam no meu espaço para se comunicar dessa forma. Nunca me assustei nem fiquei nervoso.

As mensagens continuaram no ano seguinte. Tratavam de preconceitos humanos, de nossa responsabilidade com a natureza, do poder da prece e do pensamento correto, do meu caminho espiritual, dos lugares para onde eu certamente viajaria e basicamente das palavras que eu utilizaria para ensinar e ajudar os outros.

A MESA OUIJA

Antes de minhas tentativas com a escrita automática, comecei a usar a mesa Ouija, que, de certa maneira, representa uma outra forma de psicografia automática. Em vez de caneta e papel, você usa uma mesa onde estão estampados o alfabeto, os números de 0 a 9 e as palavras Sim e Não. Ao colocar os dedos levemente num dispositivo indicador, você pode começar a receber respostas às suas perguntas, letra por letra.

A mesa Ouija foi um dos primeiros instrumentos que utilizei na minha introdução ao mundo dos espíritos. Existem temores e concepções equivocados de que a mesa Ouija é uma ferramenta do mal. Quando se pesquisa o mundo do desconhecido, deve-se ter cuidado e se preparar adequadamente para atrair apenas os espíritos mais elevados. Se sua percepção é de medo e ódio, você deve ser suscetível às energias e entidades nocivas do universo.

Sempre usei a mesa Ouija dentro de uma concepção de amor. Eu ficava sentado durante vários minutos, meditando, para me firmar e elevar meu nível energético, e depois orava, pedindo orientação, proteção e luz espiritual. Antes de fazer qualquer tentativa de contato com a mesa Ouija, cerque-se de amor. Se você sentir que um espírito veio se comunicar, pergunte se o espírito é de luz. Se não é, ele em geral vai embora.

Uma de minhas experiências favoritas com a mesa Ouija aconteceu quando eu estava com meu amigo Drew. Éramos amigos há muito tempo, e embora me tivesse visto em várias demonstrações, ele não sabia que eu também usava a mesa Ouija para me comunicar com o *outro lado*.

Na casa de nossa amiga Kelly havia uma mesa Ouija e resolvi mostrar a Drew como era usada. Depois de fazer uma oração, Kelly e eu pusemos os dedos no dispositivo, que imediatamente começou a pular de uma letra para outra. Nós nos revezamos fazendo perguntas, e Kelly recebeu várias mensagens de sua mãe.

Então, Drew tomou o lugar de Kelly, e uma mulher que se identificou como Mary nos cumprimentou. Drew disse então: "Mary é o nome de minha falecida avó." Após mandar a Drew várias mensagens de amor, ela concluiu: "Meu filho tem um bom coração." Drew ficou comovido com a mensagem, pois todos sabíamos que o pai de Drew era um homem muito generoso.

Na semana seguinte, Drew me telefonou da casa dos pais: "Acabei de internar meu pai no hospital: ele está com uma infecção viral no coração."

Os dias que se sucederam foram difíceis, e Drew quase perdeu o pai. Mais tarde, ele me contou que entendera o verdadeiro significado da mensagem da mesa Ouija, quando os médicos lhe disseram: "Seu pai vai sair dessa porque *tem um bom coração.*"

Os fenômenos físicos

Quando os fenômenos físicos são usados como um meio, a mensagem é projetada através do emprego de objetos materiais e do ambiente. Esse tipo de contato físico inclui alterações de temperatura dos cômodos, ocorrências elétricas, pancadas secas e bater de portas, fenômenos eletrônicos vocais, luzes espirituais, comunicações por telefone e televisão, aparições, materialização, fotografia de espíritos, mediunidade de transe, transfiguração e aportes.

Como ocorre isso? Nos casos dos fenômenos físicos, os campos de energia eletromagnética ao nosso redor são rearrumados por meio de nossos esforços conscientes ou inconscientes, ou pelo controle de um espírito. Em certas condições, os espíritos são capazes de movimentar objetos físicos com os quais entram em contato. Isso costuma acontecer espontaneamente. O poder e a força dessas ocorrências aumentam num ambiente em que as pessoas encaram seriamente o contato espiritual. Os vários processos que vou descrever a seguir falam de comunicações em que os espíritos empregam objetos físicos ou o meio ambiente.

ALTERAÇÕES DE TEMPERATURA

Todos sabemos o que é ter arrepios. Freqüentemente clientes me dizem que estavam num quarto ou numa sala de jantar, quando subitamente sentiram um calafrio, o que costuma ser sinal de que há um espírito próximo. Outra forma pela qual um espírito nos avisa de sua presença é por meio de uma alteração repentina e espontânea na temperatura de um cômodo. Muitas vezes, enquanto medito antes de uma demonstração, ou mesmo diante de centenas de pessoas num seminário, sinto brisas ao meu redor e percebo que vários espíritos estão esperando para transmitir suas mensagens.

OCORRÊNCIAS ELÉTRICAS

Um dos sinais mais comuns de que os espíritos estão tentando nos transmitir mensagens é o piscar de luzes. De alguma forma, os espíritos são capazes de manipular vários impulsos elétricos. Por exemplo, um espírito pode fazer com que uma lâmpada se acenda, se apague ou até queime. Isso sempre ocorre quando há alguém por perto, para que observe o fato.

Isso acontecia repetidamente com meu amigo Bryan. Ele se sentava à sua escrivaninha à noite para usar o computador. Junto à escrivaninha existe uma mesinha com um abajur e uma foto de seu pai, que já morreu. De vez em quando, a luz da lâmpada se apagava e depois voltava a acender. A princípio, Bryan achou que era defeito da lâmpada e várias vezes chegou a trocá-la. Entretanto, o fenômeno continuava. Depois de esgotar todas as razões lógicas para o fato, Bryan compreendeu que talvez seu pai falecido estivesse querendo chamar sua atenção. Reparou que o fenômeno costumava acontecer em ocasiões especiais, como o aniversário de nascimento ou do falecimento de seu pai.

A primeira vez que participei do programa *The Other Side*, da NBC, fiz uma demonstração para uma mulher chamada Barbara Matthews. Durante o programa, consegui revelar vários detalhes sobre seu filho falecido. Ela compreendeu as mensagens e confirmou sua veracidade. Muitos meses depois visitei Barbara em sua casa e ela me disse:

– Acho que estou recebendo mensagens do meu filho.

– Como? Em sonhos? – perguntei.

– Não – respondeu ela. – Ele está ligando e desligando a luz do poste.

Saímos da casa e andamos até a esquina, onde havia um poste. Ficamos quietos e murmurei uma pequena prece. Barbara e eu esperamos, ansiosos. De repente, a luz piscou.

– Ele faz piscar três vezes quando a resposta a uma pergunta é afirmativa e duas quando negativa – explicou Barbara.

Ficamos lá, observando a luz piscar. Barbara perguntava alguma coisa e a luz, como se estivesse enviando um código Morse, respondia. Perguntei:

– Há quanto tempo você faz isso?

Ela sorriu:

– Há alguns meses. Normalmente, quando tenho um problema ou preciso fazer uma escolha importante, venho aqui e consulto meu filho.

PANCADAS SECAS E BATIDAS NA PORTA

Pancadas secas em mesas e batidas de porta são outras ocorrências banais no contexto dos fenômenos mediúnicos. Certa vez, eu me encontrava na casa da minha irmã na costa leste para passar o Natal. Estávamos todos sentados em volta da mesa de jantar, prontos para devorar um lauto banquete. Como sempre, conversávamos e ríamos, relembrando histórias sobre nossas comemorações de Natal. De repente, começamos a ouvir umas pancadinhas na parede. Lembro-me de que todos se viraram para ver se havia alguém lá. As pancadinhas aumentaram. Minha irmã levantou-se para ver quem estaria no cômodo ao lado: ninguém. Paramos de comer e esperamos. Acho que eu disse:

– Talvez fosse bom orarmos.

Todos se deram as mãos e fizemos uma prece de agradecimento pela maravilhosa refeição familiar e por estarmos todos reunidos naquela época do ano. De súbito, sem que soubéssemos de onde vinha, senti uma brisa suave no rosto e as pancadas recomeçaram, dessa vez na janela. De novo alguém se levantou para ver quem era, mas não havia ninguém lá fora. Logo depois dessas últimas pancadas, um retrato de meus avós caiu da prateleira. Imediatamente compreendi quem tinha batido e disse:

– É, até vovó e vovô estão aqui conosco!

FENÔMENOS ELETRÔNICOS VOCAIS

Os espíritos são criativos em seus esforços para serem reconhecidos. Podem até gravar sons e vozes em fita magnética. São capazes também de manipular a estática no rádio. Tem havido milhares de casos relatados pela Associação Americana de Fenômenos Eletrônicos Vocais. Alguns dos sons são audíveis, enquanto outros só podem ser gravados em material extremamente sensível. Quando participava do círculo de desenvolvimento, comprovei um tipo desse fenômeno. Durante vários meses, quando voltávamos a tocar nossas fitas, ouvíamos sussurros penetrando o silêncio de nossa meditação.

LUZES ESPIRITUAIS

As luzes espirituais surgem como pontos, esferas ou faixas diáfanas numa gama de cores que vai do branco, amarelo e laranja ao azul e violeta. As cores podem mudar, e as luzes cintilam rapidamente na atmosfera. Muitas pessoas já me disseram que vêem essas luzes minutos antes de adormecer ou quando estão em meditação profunda. Essas bolas de luz aparecem na visão lateral de uma pessoa e às vezes são acompanhadas por um zumbido. Durante nossos círculos de desenvolvimento, víamos muitas centelhas de luz na sala.

Lembro-me bem de uma vez em que estávamos numa sessão espírita na casa de Brian Hurst. Ele tinha me convidado para participar com um grupo de médiuns ingleses. Esse grupo existia havia pouco mais de três anos e era famoso entre os escalões superiores de médiuns por produzir fenômenos incríveis.

Cheguei às sete da noite, junto com vinte outros convidados. Reunidos na sala de estar, o responsável pelo grupo nos explicou o que poderíamos esperar presenciar aquela noite. Durante suas instruções, saí pé ante pé da sala e fui até a garagem, onde a sessão se realizaria. Queria me certificar de que tudo seria feito com honestidade.

É lamentável que muitas pessoas dessa área não sejam o que aparentam. Durante anos, tenho trabalhado responsável e honestamente, partilhando meus talentos mediúnicos com outros. Sinto-me na obrigação de denunciar qualquer pessoa que tente enganar o público, no tocante a espiritismo e fenômenos mediúnicos.

Inspecionei cada recanto da sala, à procura de microfones ocultos, fios ou dispositivos de algum tipo. Fiquei aliviado de nada encontrar, mas continuei um tanto cético.

O grupo entrou na garagem e sentou-se. Depois de vários minutos, dois médiuns se sentaram na frente, e um dos participantes amarrou seus pulsos às cadeiras com um tipo de corda que brilhava no escuro, para que pudéssemos observar suas mãos quando as luzes se apagassem.

Iniciamos a sessão com uma prece e nos revezamos expressando nosso entusiasmo por estar ali. Brian ligou o rádio numa estação de música clássica, para ajudar a formar a energia do ambiente. Ele havia pendurado enormes tubos no teto. As luzes foram apagadas e ficamos sentados por quinze ou vinte minutos numa garagem às escuras.

No início o ar estava parado. Depois, inesperadamente, começou a se agitar. Os tubos passaram a repicar no ritmo da música que vinha do rádio, cada um fazendo um som diferente. Parecia impossível, e eu estava perplexo.

As pessoas começaram a sentir uma brisa fria lhes envolver as pernas.

– Você sentiu isso? – perguntou alguém à minha esquerda. – Subiu por toda a minha perna.

Meus olhos estavam fixos nas cadeiras da frente, onde os médiuns permaneciam amarrados. Enquanto as pessoas sussurravam umas para as outras suas sensações, ouviram-se várias batidinhas, que foram se tornando mais fortes, acima de nós e nas paredes laterais.

Os dois médiuns não tinham se mexido.

Simultaneamente, em toda a garagem, as pessoas manifestaram o que estava acontecendo: "Oh, meu Deus, alguém tocou no meu ombro!", exclamou um homem mais à minha esquerda. "Olhe ali! Viu aquilo?", gritou uma mulher. Ela se referia ao lampejo de luz que aparecera num canto da garagem.

Entretanto, eu mantinha os olhos fixos nos médiuns: eles continuavam sentados na mesma posição.

Em seguida, em questão de segundos, pequenas luzes laranjas, amarelas, azuis e violeta encheram o ambiente. "Que lindo!", admirou-se uma moça. Todos estavam aturdidos. As luzes ficaram mais brilhantes e percorriam o ar. Quanto mais encantado o grupo se manifestava, mais reluziam as luzes. Quando as pessoas riam, as luzes aumentavam e brilhavam ainda mais. Logo elas começaram a dançar no espaço acima de nós, aparentemente saltando de uma pessoa para outra. A certa altura, uma esfera amarelo vivo parou à minha frente.

– Opa, James, ela gosta de você! – ouvi um homem dizer.

Meus olhos estavam fixos na luz que pairava diante de mim.

– Será que é alguém que conheço? – comentei.

A luz começou a dançar à minha frente e pareceu esboçar um sorriso. "Meu Deus, que loucura!", pensei.

– Ela está fazendo isso, James, porque você não acredita. Ela quer que você acredite – disse um dos médiuns ingleses.

Todos riram, porque sabiam que eu era médium. Fiquei meio constrangido, mas qualquer dúvida que eu pudesse ter tido naquela noite rapidamente havia desaparecido.

TELEFONE

Outro fenômeno comum é o uso de telefones e secretárias eletrônicas pelos espíritos. O telefone toca e você ouve, do outro lado da linha, o som de uma voz, quase sempre débil, acompanhada por muita estática.

A experiência mais próxima que tive desse fenômeno foi no dia seguinte à morte da Princesa Diana. Eu participava de uma conferência em Nova Orleans. Era domingo de manhã e eu estava com o televisor do quarto ligado na CNN. Como todo mundo, fiquei paralisado em frente à TV, assistindo aos detalhes da tragédia, sem conseguir acreditar. No momento em que eu ouvia a descrição de como o carro entrara no túnel, seguido por outro veículo cheio de *paparazzi*, o tom agudo do telefone me fez dar um salto. Em geral não existe nada demais em ouvir esse som, mas o toque do telefone era diferente, parecido com o dos telefones ingleses.

Peguei rapidamente o aparelho. – Alô! Alô! Quem é? – perguntei.

Não houve resposta. Coloquei o fone no gancho e segundos depois o mesmo toque se fez ouvir. Atendi novamente e, desta vez, gritei:

– Alô! Quem fala, por favor?

Mais uma vez ninguém respondeu. Liguei para a recepção do hotel, perguntando se haviam me chamado, e a resposta foi negativa: ninguém ligara para o meu quarto naquela manhã. Indaguei:

– O serviço de vocês tem o toque inglês? – e procurei reproduzir aquele som bem típico.

– Não, Sr. Van Praagh. Os telefones têm o toque americano. E vem sendo assim há sessenta anos.

Eu estava atônito ao desligar o telefone. *Eu sabia muito bem o que tinha escutado.*

O toque voltou mais uma vez.

De novo, saltei ao ouvir o som. Peguei o telefone e fiquei em silêncio: consegui ouvir o som de alguém respirando e em seguida o telefone ficou mudo.

Pensei: "O que estará acontecendo?" Nesse instante, virei a cabeça e vi uma imagem da Princesa Diana na tela da TV. Senti o corpo todo formigar:

– Era você? – perguntei à imagem.

Tenho certeza de que era um espírito tentando fazer contato. Devido ao incomum toque inglês do telefone, acho que deve ter sido alguém das Ilhas Britânicas, mas nunca vou saber se era a princesa.

TELEVISÃO

Várias pessoas me disseram já ter recebido mensagens mediúnicas através da televisão. Isso é raro, mas possível. Pode-se ver a imagem de um ente querido na tela quando o televisor está desligado, ou a imagem de uma fotografia quando a TV está ligada. Eu ainda não tive essa experiência.

No entanto, na semana passada, estava no quarto e ouvi um barulho na sala de estar. Fui até lá e constatei que a televisão estava ligada. Ela se tinha ligado sozinha. Como sabia que um espírito devia ter feito isso, pensei: "Alguém quer que eu preste atenção no que está aparecendo." Mas, naquele momento, não tinha tempo para me sentar e assistir à TV. Sabia que, se fosse importante, eu ficaria sabendo mais cedo ou mais tarde.

A resposta chegou no dia seguinte. Eu me dei conta de que era aniversário de morte da minha mãe, e o programa que estava sendo mostrado quando a TV se ligou misteriosamente era seu favorito.

APARIÇÕES

Aparições são formas fantasmagóricas de pessoas e animais, comumente chamadas de fantasmas. O que é um fantasma? É geralmente um espírito recentemente desencarnado que ainda não se adaptou à sua nova vida no além. Pensamentos da pessoa falecida são projetados externamente e costumam conectar-se aos entes queridos, fazendo com que os vivos vejam, de alguma forma, o morto. As aparições parecem mover-se através de material sólido, abrindo portas ou janelas, e mesmo fazendo com que objetos caiam de prateleiras. Essas almas estão desesperadamente procurando passar a mensagem de sua existência através das várias dimensões e freqüentemente aparecem e desaparecem num instante.

Também é comum que os moribundos vejam aparições alguns dias antes de falecer, como se estivessem sendo chamados ao além pelos que já se encontram lá.

No entanto, alguns espíritos desencarnados podem surgir, para completos estranhos, como seres semi-sólidos. Mais uma vez, só se pode dizer que essas almas são extremamente apegadas ao plano físico e que vão permanecer na sua atmosfera indefinidamente.

MATERIALIZAÇÃO

Materialização é o processo pelo qual a força vital dos membros de um grupo de desenvolvimento criam um material sólido. Uma substância diáfana, incolor e inodora, conhecida como ectoplasma, surge dos ouvidos, do nariz, da boca ou da área do plexo solar do médium, compondo "matéria" física. Pode ser um espírito desencarnado ou partes de um espírito. Esse espírito possuirá todas as propriedades e aparência de um corpo físico e geralmente parece ter carne e ossos sólidos.

O ectoplasma é extremamente sensível e quase impossível de se manifestar sob luz normal. Por isso, os médiuns físicos normalmente trabalham num ambiente escuro. Existem muito poucos médiuns físicos atualmente na Terra. Tive a oportunidade rara de participar desse fenômeno numa viagem ao Brasil, numa experiência que descreverei no capítulo 5, sob o título "A Casa no Morro".

A FOTOGRAFIA ESPIRITUAL

Fotografia espiritual é o fenômeno pelo qual corpos de espíritos aparecem nas fotografias. Isso teve início no final de 1800, com a chegada do espiritismo aos Estados Unidos. Embora grande parte da fotografia espiritual seja polêmica e freqüentemente fraudulenta, não há como negar que muitas imagens de espíritos já foram e continuam a aparecer em fotografias.

Parte da explicação está na própria câmera, muito mais sensível às ondas de luz do que o olho humano. Como a chapa fotográfica pode detectar coisas que não conseguimos ver, é compreensível que possa registrar os corpos energéticos dos espíritos invisíveis para nós.

Você não precisa ser um excelente profissional para captar esse fenômeno. Se você sente atração por essa espécie de conexão mediúnica, e é sensível, perseverante e paciente, pode tirar esse tipo de fotografia.

Uma amiga, Joerdie Fisher, é uma excelente médium e grande parte de sua mediunidade tem a ver com fotografia. Geralmente, quando ela tira uma foto, raios de energia podem ser vistos ao redor da pessoa focalizada na foto. Às vezes, rostos de entes queridos que já partiram surgem na fotografia ao lado do fotografado.

A fotografia da aura é outro fenômeno popular, que reproduz as ondas magnéticas ao redor do corpo do fotografado. Essas ondas emanam do corpo etéreo, ou do corpo duplo, não do corpo físico. Quando a fotografia é revelada, podem ser vistas manchas de cor em volta do fotografado, sendo que vermelho, verde, azul e amarelo são as cores mais comuns.

Mas acho importante repetir que, apesar de todos esses fenômenos serem verdadeiros, há muito charlatanismo explorando a credulidade das pessoas. É preciso prudência para não se deixar enganar.

A MEDIUNIDADE DE TRANSE

Os médiuns de transe são capazes de diminuir a velocidade de suas ondas cerebrais para alcançar um nível profundo de relaxamento. Um estado de transe pode ser induzido por meditação ou hipnose, e a mediunidade de transe só pode ser alcancada após amplo estudo. Dependendo do médium, existem vários graus de transe, do leve ao muito profundo. Quando um médium está nesse estado alterado, um guia ou espírito se mistura ao seu consciente. Quase sempre o padrão de voz do médium muda quando o guia ou o espírito fala por meio dele. Isso também acontece com a letra de um médium, quando um espírito se comunica pela palavra escrita. O contato é semelhante ao da mediunidade de transe.

TRANSFIGURAÇÃO

Na transfiguração, um espírito impõe seu rosto sobre o do médium. Por exemplo, um jovem médium assume os traços de um velho: essa imagem superposta será semelhante à aparência que esse homem tinha quando estava na Terra. A transfiguração não se limita aos seres humanos. Espíritos de animais já surgiram também dessa maneira.

APORTES

Aportes são objetos materiais que aparecem literalmente do nada numa sessão espírita. Trata-se muitas vezes de pequenos objetos, como jóias, pedras ou flores. A teoria que explica esse fenômeno é a de que o objeto vem da quarta dimensão. Geralmente o objeto se desmaterializa numa parte do mundo e se materializa numa sessão espírita em outra parte do mundo.

Os sinais dos espíritos podem ser complexos ou simples, mas estão sempre à nossa volta. Só precisamos ser sensíveis para compreender o que significam. Quando você estiver trabalhando com os reinos invisíveis, lembre-se de que há sempre uma inteligência superior no comando. Nem tudo que você deseja pode ser alcançado simplesmente porque você quer. Estamos aqui para viver da melhor maneira possível, com integridade e responsabilidade. Vivendo assim é possível contatar o mundo espiritual. Não desanime. Certas coisas serão mais fáceis para você do que outras. Concentre-se em desenvolver as aptidões mais naturais e apropriadas para você.

5 OS ANJOS ENTRE NÓS
Conhecendo e Trabalhando com os Guias Espirituais

Meu primeiro encontro com um anjo foi aos oito anos de idade. Eu estava deitado na cama, quando senti uma lufada fria de vento no rosto. Levantei os olhos e vi uma grande e reluzente mão acima de minha cabeça. Não senti medo, pois de alguma forma eu sabia que era um sinal benevolente. Para mim, essa mão representava paz e proteção. Eu a chamei de "mão de Deus" e pensei nela como meu anjo da guarda. Sabia que ela sempre estaria comigo, e quando eu me sentisse sozinho ou triste, a mão de Deus – meu anjo da guarda – estaria presente para me animar.

Como cresci educado na religião católica, desde a mais tenra idade me falaram sobre os anjos da guarda. Saber que meu anjo da guarda estava ao meu lado me dava uma sensação de proteção. O conceito de que os anjos são intermediários entre o céu e a Terra existe desde que se começou a registrar a história da humanidade. Relatos de ocorrências religiosas com seres espirituais, anjos e sinais proféticos têm tido aceitação universal.

Hoje em dia, as livrarias estão repletas de livros sobre anjos e encontros angélicos, e programas de televisão e filmes retratam a interação entre o mundo dos humanos e o dos anjos. Nos últimos anos, uma série de TV de grande êxito, chamada *O Toque de um Anjo,* tem sido tão bem recebida pelo público em geral que hoje é transmitida em vários países do mundo. Por que esse programa dá certo? Estou convencido de que é por causa da atração que as pessoas sentem pelos anjos.

Alguns consideram os anjos como criaturas de ficção, mas eles são reais, ainda que não possamos provar sua existência em termos humanos. Se você acredita neles, está em muito boa companhia. Muitas pessoas altamente respeitáveis e famosas acreditavam e acreditam nesses seres celestiais.

A palavra "anjo" deriva do grego *angelos*, que significa "mensageiro". As pessoas costumam considerar os anjos como a personificação da vontade de Deus, intermediários entre Ele e os seres humanos. Além dos nossos anjos da guarda, existe uma variedade de anjos que nos protegem, curam e atendem a muitas necessidades do universo. Eles foram divididos em nove categorias: serafins, querubins, tronos, dominações, virtudes, poderes, principados, arcanjos e anjos.

Os anjos se desenvolvem nos reinos espirituais lado a lado com os humanos. Na maior parte do tempo não tomamos conhecimento de sua presença porque estamos envolvidos com nossas vidas físicas. Mas não precisamos estar conscientes de sua proximidade para sermos abençoados por seu trabalho benéfico. Os anjos nos mostram, por exemplo, como viver com alegria, criatividade e espontaneidade. Sua função é louvar a glória do universo e tudo que reside nele. Esses seres assumem qualquer forma necessária para ajudar pessoas que estão passando por uma provação. Acredito que os anjos funcionam de maneira muito parecida à dos espíritos-guia, e costumo muitas vezes percebê-los como um só. Nunca sabemos, no nosso cotidiano, qual é o ser do reino espiritual que está por perto nos observando e inspirando.

Quanto mais temos consciência da presença dos anjos, guias, santos, ancestrais e seres amados na dimensão espiritual, mais podemos utilizar sua ajuda na Terra. Por meio do contato com esses seres angelicais, aprendemos que estamos sempre conectados à nossa própria sabedoria divina.

Um anjo disfarçado

Uma das razões pelas quais acho meu trabalho tão especial é que posso ver muito claramente como as pessoas aprendem a aceitar suas vidas. Há ocasiões em que as informações que surgem nas minhas sessões são inesperadas e só se esclarecem muitos dias ou até meses depois. Os milagres existem, mas raramente sabemos quem pode estar agindo a nosso favor.

Eu estava dando uma palestra em São Francisco quando fui atraído para alguém na multidão.

– Com licença – disse, apontando para um homem de meia-idade, cabelo castanho, sentado na antepenúltima fila do auditório. – Gostaria de ir até você.

As pessoas se viraram para ver a pessoa sentada no fundo da sala.

– Está falando comigo? – perguntou o homem.

– Estou. Vejo um enorme carro de bombeiros atrás de você, com a luz acesa. Você sabe do que se trata?

– Sei. Eu sou bombeiro.

As pessoas riram.

– Bem, isso faz sentido – concordei, rindo também. – Há um homem na frente do carro e ele vem se aproximando de você. Está usando um uniforme de bombeiro. – O homem ficou tenso. Continuei: – Quem é Carl? Você conhece alguém com esse nome?

– É o meu nome – respondeu o bombeiro.

– O espírito desse homem de uniforme me diz que se chama Ed ou Eddie. – Carl balançou a cabeça e cobriu os olhos com a mão. Não consegui ouvir o que disse. – Você compreende isso? – perguntei.

– Compreendo. Ed era meu amigão. Trabalhávamos no mesmo local. É difícil de acreditar! Eddie, cara, me desculpe. Você pode dizer a Ed que sinto muito?

Senti que tinha tocado num ponto sensível:

– Você mesmo pode dizer-lhe isso. Ele é capaz de ouvir seus pensamentos. – Continuei a comunicar a mensagem de Ed a seu amigo: – Ele quer que eu lhe diga que pare de se maltratar. A culpa não foi sua. Simplesmente aconteceu. – Carl entendeu o que eu quis dizer e começou a chorar.

Nesse momento surgiu o espírito de uma linda moça de cabelo dourado. Ela flutuava graciosamente como uma dançarina de balé e me sussurrou algo no ouvido.

– Você conhece a Chestnut Street? – perguntei a Carl.

Ele levou algum tempo pensando, mas de repente seu rosto se iluminou:

– Era a rua em que minha família morava quando garoto!

– Está aqui uma moça loura, que me diz que o conheceu quando menino. Ela disse algo sobre o quarto com dominós na sua casa.

O rosto de Carl empalideceu e ele murmurou:

– Eu... eu entendo. Quando eu era garoto, jogava dominó no meu quarto. Eu montava desenhos com eles e... – Sua voz sumiu e seus olhos se arregalaram: – Eu brincava sempre sozinho. Ninguém sabia do meu jogo de dominós. Como é que você pode saber?

Carl ainda estava cético e queria algum tipo de confirmação.

– Essa moça estava lá. Ela me diz que você a viu – respondi.

Carl parecia em estado de choque, mas eu não podia permitir que sua reação me perturbasse, pois precisava me concentrar nas informações transmitidas pelo espírito:

– Ela está me contando sobre a cobra. Você se lembra?

Carl ficou atônito:

– Meu Deus! Quem é ela? Por favor, me diga quem é ela.

– Ela está me dizendo que se chama Loretta. Você sabe de quem se trata?

Ele não hesitou:

– Sei. Loretta é o nome de minha mãe, mas ela está viva.

Continuei transmitindo a informação do espírito:

– Essa moça loura tem uma conexão com sua mãe, não sei direito qual. Ela me mostra um P, como se fosse de Patricia ou Patty. Por favor, pergunte à sua mãe que conexão seria essa.

A demonstração prosseguiu por algum tempo. No final, o espírito louro falou sobre um depósito de alimentos e eu perguntei:

– Você entende essa referência?

Carl teve um sobressalto:

– Deus do Céu! Não posso acreditar nisso! Foi lá que Eddie morreu.

Ele explicou às pessoas que estava com Eddie apagando um incêndio no depósito de alimentos do centro da cidade quando o chão debaixo deles cedeu inesperadamente. Eddie se segurou a Carl para viver.

– Tentei puxar Eddie para cima, mas ele ficava me puxando para baixo. Pensei que era o meu fim, mas aí senti uma grande paz e vi uma mulher loura me estendendo a mão. Seu rosto era como o de um anjo. Ela me lembrava uma pessoa que eu já tinha visto, mas aí desmaiei.

Quando Carl voltou a si, estava no hospital. Os outros bombeiros lhe disseram que ele foi encontrado no lado oposto do andar, muito longe de onde o piso tinha cedido. Ele jamais contou a ninguém, nem mesmo à sua mulher, sobre a visão que tivera naquele dia.

– Sempre pensei naquela moça como meu anjo da guarda. Era a mesma moça que eu via comigo no quarto quando jogava dominó. Naquele tempo eu achava que ela era minha companheira imaginária de jogo. Eu saía do quarto e, quando voltava, os dominós estavam todos arrumadinhos.

Carl nunca mencionara essa mulher loura a ninguém e pareceu aliviado de partilhar essa informação com um auditório que talvez sentisse empatia por ele.

Vários meses depois, Carl telefonou para o meu escritório, insistindo em falar comigo, e identificou-se para minha secretária:

– Diga a ele que é o bombeiro do anjo louro. – Ao atender, ele foi logo dizendo: – James, você se lembra da mulher loura que foi me ver?

Lembrei-me imediatamente:

– Claro. Você perguntou à sua mãe quem era ela?

– Perguntei, e é por isso que estou ligando. Em primeiro lugar, quero agradecer-lhe. Você me devolveu a vida. Perguntei à minha mãe se ela conhecia uma mulher loura com o nome começando por P, talvez Pat ou Patricia. Minha mãe ficou perturbada, querendo saber por que eu estava perguntando. Depois de eu insistir, ela acabou me contando a história toda. A mulher loura era minha mãe biológica e se chamava Pat. Ela morreu de hemorragia quando engravidou pela segunda vez. Meu pai conheceu minha mãe logo depois e eles resolveram não me contar sobre minha mãe biológica – contou Carl.

Fiquei perplexo.

– Foi minha mãe, James, que me salvou a vida. Ela realmente era meu anjo da guarda.

– Ela ainda é e sempre será – afirmei.

– É bom saber que eu tenho ela do meu lado – disse Carl.

Aquele era um homem verdadeiramente grato, por saber que poderia contar sempre com a proteção daquele anjo.

Os espíritos-guia

Como os anjos, os espíritos-guia são seres altamente evoluídos e representam uma fonte de energia e conhecimento para nós. Os guias, como os anjos, estão sempre aprendendo e amadurecendo. Trabalhar conosco na Terra faz parte de seu treinamento – eles se ligam a nós para aprender uma determinada experiência e progredir como guias. Pode-se dizer que é uma proposta de mão dupla: os guias nos ensinam a crescer, e nós os ajudamos a aperfeiçoar suas habilidades como guias.

Existe uma variedade de espíritos-guia que entram e saem de nossa vida durante nossa existência. Alguns já caminharam por esta Terra como mestres espirituais, líderes e santos, enquanto outros talvez jamais tenham tocado nesta superfície. Jesus, Buda, São Francisco de Assis são alguns dos seres iluminados que já habitaram o plano terreno. São seres-mestre que trouxeram crescimento e desenvolvimento espiritual a grupos de almas.

A função básica de um espírito-guia é ajudar, proteger e inspirar uma pessoa na sua evolução espiritual. Muitas vezes me perguntam:

"Todos nós temos um espírito-guia?" A resposta é "sim", temos muitos.

Os espíritos-guia nos chegam de várias maneiras, inclusive sob forma de membros da nossa família e amigos falecidos que continuam a nos proteger e observar. Eles sempre conhecem nossas necessidades, mesmo que não tenhamos consciência delas. Como um professor, um guia pode nos mostrar o caminho e nos inspirar a tomar as decisões certas. Mas sempre cabe a nós decidir obedecer ou não à orientação do guia. A seguir, descrevo alguns dos principais espíritos-guia que nos aparecem durante a vida terrena.

O GUIA-MESTRE

Esse ser especial, que está envolvido em nosso crescimento e na sabedoria cotidianos, tem estado conosco durante muitas encarnações e continua a nos ensinar as lições necessárias à nossa evolução espiritual. Você pode considerar esse guia como parte de sua família espiritual: você e seu guia-mestre concordaram em trabalhar juntos antes de você encarnar. Freqüentemente você perceberá esse professor como alguém que continua surgindo na sua consciência, especialmente nos seus sonhos. Você sentirá grande afinidade com esse guia, como se fosse parte dele ou dela.

O trabalho de um guia-mestre consiste em inspirar, orientar, ensinar, bem como nos ajudar para atingirmos nosso destino na Terra. Esse guia permanece conosco durante os estágios intermediários da existência, quando voltamos a ser espíritos.

GUARDIÃO OU GUIA PROTETOR

O principal papel desse ser é proteger o seu espaço contra quaisquer energias capazes de prejudicar você, ou quaisquer entidades que possam se apossar de você. Esse guia é especialmente importante na mediunidade, devido ao grande número de energias espirituais que atingem o campo eletromagnético de um médium. Ele protege os médiuns quando saímos do corpo ou entramos num estado de transe durante a meditação ou num círculo de desenvolvimento. Os guias protetores também nos auxiliam quando precisamos de mais força ou coragem.

GUIAS INSPIRACIONAIS

Esses guias nos ajudam a aprender uma infinidade de lições da alma, como compaixão, pureza, paciência, compreensão, amor incondicional, perdão, espiritualidade e criatividade. Às vezes esses guias ficam conosco apenas o tempo necessário para desenvolvermos uma determinada aptidão.

Essa situação ocorreu quando um espírito apareceu, com o nome de André. Eu estava numa sessão espírita liderada por Lesley Flynt, médium famoso mundialmente, e fiquei totalmente surpreso com o resultado.

Durante a sessão, André contou ao grupo que tinha vivido certo tempo como artista na França. Ele disse que ficaria perto de mim para me ajudar a desenvolver minha sensitividade de médium e acrescentou: "Daqui a vários anos este homem ficará famoso devido ao seu trabalho para ajudar as pessoas. Ele vai escrever um livro que vai influenciar a cabeça de muita gente. Nós o estamos ajudando, meu amigo, nessa missão. Você não está sozinho."

André lembrou ao grupo que "o mundo dos espíritos está sempre envolvido nas vidas, decisões e escolhas terrenas que vocês fazem. Nada no mundo espiritual pode prejudicá-los, desde que vocês encarem seu trabalho com seriedade e bom senso. Se um espírito tentar controlá-los, vocês devem tomar consciência dessa conduta e eliminar o espírito de sua vida".

GUIAS AUXILIARES

Esses seres são atraídos para nós por meio da lei universal da afinidade. Os semelhantes se atraem. Nós atraímos aquilo de que precisamos ou que queremos aprender, de acordo com nossos interesses. Por exemplo, se você quer esculpir uma estátua, atrairá um guia auxiliar que tenha conhecimento da atividade artística. O mesmo se aplica a outros campos. Os escritores atraem seres com conhecimento de literatura que possam inspirá-los. Os cientistas fundamentalmente atraem guias que conhecem suas determinadas áreas de pesquisa.

GUIAS DE RELACIONAMENTO

Os guias de relacionamento incluem amigos e membros de sua família interessados na sua evolução espiritual. O vínculo de amor que foi criado na Terra continua a existir no céu. Esse tipo de guia nos inspira a fazer escolhas que nos beneficiem ao máximo. Acredito que esse ser espiritual nos ajuda muito a criar oportunidades de relacionamento que nos façam aprender e crescer. Nosso desenvolvimento espiritual é o que há de mais importante para esses guias. Aqueles mais capazes de nos ajudarem a compreender melhor a vida serão enviados para nosso caminho. Ninguém está em nossa vida por engano ou por acaso.

GUIA DE CURA OU MÉDICO ESPIRITUAL

Um guia de cura é um ser totalmente envolvido com nossa saúde. Às vezes esse guia nos inspira a cuidar melhor de nosso bem-estar físico e trabalha com forças universais para ajudar no alinhamento adequado de nossos campos energéticos. Sempre que você estiver passando por aflições físicas ou enfermidades, seu guia de cura vai agir, fundindo as energias cósmicas de cura com seu campo de força.

Esses guias de cura, ou médicos espirituais, podem ter sido curadores ou médicos na Terra. Só recentemente tomei conhecimento desse tipo especial de guia, como se verá no episódio a seguir.

A Casa no Morro

Numa viagem ao Brasil, tive a extraordinária oportunidade de conhecer e colaborar com outros médiuns. Fui convidado a visitar um centro de cura em um bairro do Rio de Janeiro. Um monge alemão, conhecido como Frei Luiz, fundou esse centro há mais de trinta anos para abrigar um orfanato. Aos poucos, o local foi se transformando num centro médico para crianças pobres. Atualmente, ele acolhe duzentos médiuns que são médicos especialistas e clínicos-gerais. Eles trabalham exclusivamente com crianças gravemente enfermas.

Um de nossos debates foi sobre os espíritos-guia. Vários médiuns me relataram seus contatos com os médicos espirituais. Disseram-me que esses espíritos escolheram voltar à Terra para ajudar a população humana e que certos espíritos sentem remorso por haverem tomado decisões erradas durante sua vida na Terra. Eles querem retornar para corrigir os erros e se livrar de suas obrigações cármicas. Além disso, muitos médicos espirituais voltam para assistir pessoas em áreas do mundo onde há carência de médicos.

No último sábado do mês, as crianças mais debilitadas são levadas a um lugar conhecido como A Casa no Morro. É uma pequena casa, usada exclusivamente para a manifestação de mediunidade física: sua energia é dedicada à manifestação de espíritos sob a forma física.

A mediunidade física é extremamente rara, e eu estava interessadíssimo em presenciá-la diretamente. As maravilhosas pessoas do centro ficaram satisfeitas em permitir que eu testemunhasse esse fenômeno, desde que antes eu cumprisse certas normas. As regras eram claras: eu não poderia comer carne vermelha, ingerir bebidas alcoólicas, tomar drogas nem manter relações sexuais durante quarenta e oito horas antes da cerimônia. Esse regime de abstinência visa salvaguardar a energia física dos que estiverem presentes e assegurar que a energia de cada pessoa seja forte o bastante para que a manifestação possa ocorrer.

Às cinco da tarde me levaram ao morro. Deram-me um armário individual com chave e me pediram que vestisse um par de calças e um jaleco de puro algodão, semelhantes aos utilizados pelos cirurgiões nas salas de operação. Fui então levado para uma área de recepção, onde havia muitos sofás. Pediram que eu esperasse lá e orasse. Fechei os olhos para meditar e comecei a ouvir lindas canções angelicais transmitidas por um alto-falante. As melodias me fizeram harmonizar adequadamente com o que estava para acontecer.

Depois de duas horas, eu e vários outros fomos levados, por uma pessoa com uma lanterna acesa, para uma sala praticamente às escuras. Depois que meus olhos se adaptaram à escuridão, vi que o local parecia um pequeno teatro. Todos os duzentos assentos estavam ocupados. Uma luz azul-clara reluzia sobre um palco elevado à nossa frente. Havia cinco leitos no palco, localizados lado a lado, como numa enfermaria.

Um dos membros da congregação entrou no palco e, em português, pediu que todos o acompanhassem numa oração. O médium já estava sentado numa cabine no palco. A sala ficou silenciosa e, uma a uma, cinco criancinhas foram trazidas e deitadas nos leitos. Meus olhos já estavam adaptados à escuridão e eu podia ver nitidamente o que estava ocorrendo. Eu não queria perder nenhum detalhe, porque aquela era uma oportunidade única na vida.

Ao observar cuidadosamente, reparei uma nuvenzinha minúscula assumindo forma no centro do palco. Ela começou a crescer muito lentamente. Horas pareceram passar enquanto a energia continuava a adquirir forma, que finalmente apareceu como a de um homem. Esse espírito das sombras estava vestido como cirurgião, com máscara cirúrgica e luvas de látex. Segurava uma vareta que parecia uma batuta de maestro e começou a se movimentar de leito em leito, apontando a vareta, que emitia luzes coloridas, para o corpo das crianças. Ele trabalhava extremamente rápido, utilizando sua vareta misteriosa. Levou cerca de cinco minutos para agir junto aos cinco leitos. As crianças foram levadas do local e outras cinco tomaram seus lugares. Isso continuou durante pelo menos meia hora. Eu estava simplesmente perplexo, tomado por uma sensação simultânea de assombro e gratidão.

Então aconteceu algo que jamais esquecerei enquanto viver. Dois assistentes caminharam pelo corredor entre as filas de assentos, pararam onde eu estava e focalizaram suas lanternas no meu rosto. Entendi que eles queriam que eu subisse ao palco. Senti todo o meu corpo tremendo com a energia dos espíritos quando segui os dois homens.

Deitei num dos leitos, sem saber direito o que fazer ou esperar. Após alguns instantes, o espírito mascarado, cujo nome eu depois soube ser Dr. Fritz, apareceu ao meu lado. Olhei seu rosto e reparei em seus olhos verdes, profundos e cheios de paz, embora penetrantes. Ele apontou a vareta para o meu abdome. Deitado ali, eu sabia que estava testemunhando a manifestação física de um espírito e não me perdoaria se pelo menos não tentasse tocá-lo: rocei meu braço no lado da perna do Dr. Fritz e senti sua sólida forma física.

Na tarde seguinte fui almoçar com uma das administradoras do centro de curas. Ela contou que tinha falado com seus superiores sobre a experiência da véspera no morro: "Eles querem lhe agradecer por ter ido lá. A elevada vibração de sua energia nos possibilitou trabalhar com o dobro de crianças que normalmente atendemos. Nós lhe seremos eternamente devedores e vamos sempre orar por você."

Também fiquei sabendo que o espírito, Dr. Fritz, fez questão que eu subisse no palco para ser curado. Ninguém do centro sabia que na ocasião eu estava com problemas de úlcera, que desde então desapareceram.

A experiência no Brasil foi tão mágica e esclarecedora que costumo sempre pensar nela quando estou conduzindo sessões. Sou grato ao médico espiritual por me curar em muitos níveis. Acredito que o mundo dos espíritos me proporcionou o dom inestimável de tomar mais uma vez consciência do poder incrível do envolvimento espiritual na Terra.

Os guias vivos

Os falecidos não são os únicos que nos ensinam ou nos guiam. Muitas vezes na vida encontramos pessoas que vêm para nos orientar e guiar. Eu já tive muitos desses guias, mas o mais memorável de todos é a mulher sobre a qual falei muito em *Conversando com os Espíritos.* Seu nome é Connie Leif.

Quando eu era muito jovem, Connie me ensinou a lição inestimável de acreditar em mim mesmo. Ela reforçou minha autoconfiança e me disse que eu teria sucesso na vida. Sem essa confiança, não sei se eu teria tido a força de que obviamente preciso para fazer meu trabalho.

Também creio que certos amigos e conhecidos exercem em nossa vida o papel de professores. Eles nos ajudam, ao nos oferecer uma perspectiva geralmente diferente da nossa. Os amigos, também, enxergam nossas qualidades e ficam ao nosso lado nos momentos bons e difíceis. Existem amigos que passam rapidamente por nossa vida, mas deixam uma preciosa marca transformadora. Eles também são nossos guias: é preciso apenas estarmos atentos para reconhecê-los.

Riley

Muitas pessoas me perguntam se os animais podem ser nossos guias e protetores, e sempre lhes respondo com um enfático *sim!*. Como já disse muitas vezes, os animais são os maiores professores do amor incondicional. Um exemplo maravilhoso de um desses animais-anjo aconteceu durante uma sessão há muitos anos.

Erica Burlingame tinha trinta e poucos anos e queria contatar o pai, desencarnado há muitos anos. Logo no começo da sessão, o pai apareceu.

– Seu pai está falando comigo sobre o inverno – disse. – Ele está me mostrando um lago. Não sei o que isso quer dizer, mas é a imagem que ele está me fazendo ver.

Erica refletiu sobre essa imagem alguns minutos e disse:

– Tudo bem. Pode continuar.

– Ele está falando sobre quando você tinha oito anos. Não sei por que está mencionando isso."

De repente surgiu outro espírito, que mudou completamente a interpretação que eu fazia:

– Seu pai está falando sobre Riley, que está com ele, e quer que você saiba disso.

Erica começou a chorar. Imediatamente, vi um enorme *setter* pular no colo dela e dar-lhe uma lambida.

– Há um cachorro aqui que está beijando você! – exclamei, surpreso.

Erica assentiu com a cabeça e tirou um lenço de papel da bolsa. Ela estava obviamente comovida e emocionalmente perturbada. Tentou me dizer alguma coisa, mas não conseguiu:

– Ele... ele... salvou... – murmurou.

Esperamos alguns minutos até ela se recompor. Quando se acalmou, disse:

– Riley era o cão de meu pai. Quando pequena, ele me seguia e não me deixava ir a lugar nenhum sozinha. Era uma coisa esquisita. Minha família costumava esquiar no parque local. Um dia, eu me afastei esquiando e caí num buraco no meio de uma camada fina de gelo. A última coisa de que me lembro foi de papai me chamando. Quando acordei, estava num leito de hospital, olhando para meus pais. Eles me contaram que Riley me viu cair e conseguiu me agarrar pela gola. Ficou segurando meu casaco na boca até papai conseguir me tirar do buraco. Riley salvou minha vida. A partir dali, considerei Riley meu maior amigo.

Eu me senti especialmente abençoado por estar na presença desse grande animal protetor. A sessão continuou durante algum tempo. No final, Erica resumiu sua gratidão:

– Muito obrigada, James. Você fez aparecerem dois dos meus anjos da guarda. Isso era tudo o que eu podia querer.

Contatando seus guias espirituais

Para estabelecer e construir um relacionamento com seus guias espirituais, primeiro você precisa abrir-se para eles, tornando-se gradativamente capaz de senti-los e vê-los. Isso é possível se você treinar o trabalho espiritual diariamente. Escolha em sua casa um lugar propício ao relaxamento e à harmonia interior, onde não haja distrações. Reserve um tempo para você e seus guias.

Coloque-se num estado de relaxamento. Feche os olhos e respire fundo várias vezes. Depois que relaxar e sua mente se aquietar, comece com o *trabalho de base* que descrevo no capítulo 9.

Quando estiver em harmonia com as ondas de energia vibrando para cima e para baixo de sua coluna dorsal, você começará a sentir uma espécie de bolha de energia ou aura em torno do seu corpo. É importante familiarizar-se com seu campo energético.

A próxima parte dessa meditação é importantíssima. Quando você sentir que atingiu um estado de relaxamento, que sua respiração está num ritmo regular, imagine um lindo lugar onde você queira contatar seu guia. Pode ser ao lado de uma cascata, num campo florido ou no topo de uma montanha. Onde você se sentir bem. Use a imaginação para visualizar, concentrando-se ao máximo. Essa área será o local de seu encontro. É lá que você irá conversar e trabalhar com seus professores e guias.

Quando estiver nesse lugar de serenidade, use seus pensamentos para pedir a seu guia-mestre que fique à sua frente, para que possa ser visto. Quando vir seu guia, faça-lhe perguntas como: "Quem é você? Como você trabalha comigo? O que você quer me ensinar ou revelar? Você tem alguma mensagem especial? Como você se relaciona comigo? Qual é sua missão para mim?"

Repare nas características físicas do guia, como a cor dos olhos e cabelos, vestuário, e alguma outra coisa significativa. Seu guia pode ter traços de personalidade que talvez lhe pareçam estranhos. Aceite o que vier, sem julgar. Concentre-se no amor.

Quando sentir vontade, peça a seu guia que lhe responda e escute. Preste muita atenção em todos os seus sentidos. Seu guia pode responder de várias maneiras, por meio de uma imagem ou de um som. A resposta pode ser uma centelha de luz, um sussurro ou uma dissertação inteira. Você talvez sinta um aroma no ar ao seu redor em resposta à sua pergunta. Seu campo áurico pode mudar à medida que você se harmoniza com seu guia. Observe como seu guia se adapta a você e a seu campo energético.

Se você sentir vários guias no seu campo energético, peça-lhes que se identifiquem pelo nome ou por um símbolo. Mais uma vez, pergunte-lhes qual o objetivo, a missão e o que eles querem lhe ensinar. À medida que for trabalhando com seus pensamentos e sua meditação, você se sentirá mais confiante e será capaz de atrair seus guias para mais perto de você.

Depois que executar esse exercício várias vezes, você começará a se dar conta da influência de seus guias. Quanto mais recorrer à sabedoria deles, mais benefícios obterá dessa energia, cheia de luz, e mais fácil será para seus sentidos mediúnicos abrirem-se para o reino espiritual.

Testando seus guias

Depois de estabelecer uma relação segura com seus guias, chegou a hora de verificar e validar as mensagens deles. Alguns guias talvez não sejam tão altamente desenvolvidos quanto você espera. Para verificar se está em contato com seus espíritos-guia, com alguma outra entidade, ou simplesmente com sua própria imaginação, você deve testá-los. Por meio das vibrações, você perceberá se o guia é positivo e adequado para você.

Para testá-lo, peça-lhe informações específicas sobre você ou sobre uma determinada situação com a qual esteja lidando. Nos dias ou semanas seguintes, você terá condições de validar as respostas que irá receber de alguma maneira. Se achar que as informações não são exatas, tente de novo, talvez várias vezes. Ocasionalmente pode ser um mal-entendido ou má interpretação da mensagem.

Por exemplo: peça um sinal específico e simples que lhe permita saber que seu guia está próximo. Peça, por exemplo, uma flor roxa. Se nas próximas duas semanas você receber uma flor de alguém, ou se algo acontecer que envolva uma flor roxa, você terá a confirmação. Se depois de algum tempo nenhuma confirmação ocorrer, você precisará recomeçar tudo e restabelecer a conexão.

Outra maneira de testar seu guia é procurar respostas ou mensagens para outros membros da família ou amigos que possam ser confirmadas. Sempre faça isso com o máximo respeito por todas as partes envolvidas, com a intenção de obter confiança no trabalho com seu guia.

Às vezes as mensagens não são alegres. É possível que você receba informações perturbadoras. Procure não se perturbar e lembre-se que freqüentemente interpretamos a mensagem de forma errada.

Se por alguma razão você perceber que seu guia não vem de um lugar de compaixão, restabeleça seu centro por meio do *trabalho de base preliminar*, libere esse ser e mande-o de volta ao próprio espaço.

Os guias etéreos

Antes de encarnarmos na Terra, discutimos o crescimento de nossa alma com um grupo de seres altamente desenvolvidos, conhecidos como Conselho Etéreo. É dessa forma que decidimos sobre o que queremos aprender, nosso propósito na vida e as dívidas cármicas que desejamos resgatar. Quando encarnamos, nosso guia-mestre fica próximo para certificar-se de que vamos seguir essas decisões.

Durante o segundo ano de meu desenvolvimento como médium, tomei conhecimento de vários de meus guias ao mesmo tempo. Isso aconteceu de madrugada. Eu me encontrava num estado de torpor, nem totalmente acordado, nem adormecido. Lembro-me claramente de estar avaliando o que acontecera durante o sono, porque eu sabia que estivera viajando fora do meu corpo. Pensei: "Quero voltar para onde acabei de vir." E instantaneamente me encontrei num vestíbulo espetacular e majestoso. Os lados do prédio tinham arcos de brilhante e ouro que se elevavam rumo ao céu. Eles me lembraram uma catedral magnífica. As paredes reluziam com tons vivos de azul e violeta. Tive a sensação de que me encontrava num centro de aprendizado.

À minha frente havia uma mesa comprida de biblioteca, feita de material transparente. Espalhadas pelas câmaras, poltronas estofadas douradas, onde as pessoas liam ou conversavam de maneira erudita.

Prateleiras de livros enchiam as paredes atrás das poltronas estofadas de seda. Reparei que cada livro parecia uma energia viva que respirava em seu próprio lugar adequado, organizado de acordo com o assunto.

Naquele momento, me dei conta de estar na Antecâmara de Reflexão, onde os espíritos aprendem, crescem e desenvolvem suas aptidões mentais e recebem instruções de seus guias e professores espirituais.

De repente, um homem de cabelo dourado surgiu à minha frente. Era impossível calcular sua idade. Senti uma onda de calor ao examinar seus olhos suaves, que reluziam com amor. Eu já o vira antes, e então entendi que ele era um de meus mestres. Ele me disse telepaticamente: "Por favor, sente-se. Você tem de aprender mais uma lição."

Ele fez um gesto para várias outras pessoas sentadas ao redor da mesa, cada uma diferente da outra. Havia uma mulher de cabelo castanho liso, rosto agradável e faces coradas. Por alguma razão, senti que se chamava Elizabeth e lidava com psicologia humana. Meu olhar se deslocou para dois homens. O primeiro tinha a pele morena, um rosto macilento, mas sábio, e um lindo sorriso. O outro parecia um pouco mais velho e mais sério e usava óculos com aros de arame. Eu sabia que ele tinha algo a ver com química ou alquimia. Ele inclinou a cabeça para mim e sorriu positivamente. De súbito, eu me enchi de orgulho, como se tivesse concluído um bom trabalho.

Esses eram meus guias espirituais. Eles tinham vivido na Terra, provavelmente há muito tempo. Permaneci sentado, enquanto eles me questionavam telepaticamente e depois respondiam algumas perguntas. Ninguém falava, pois os lábios não se mexiam. "Você deve ter paciência, James. Ainda não chegou a hora de seu projeto aprimorá-lo como pessoa, para você poder então servir os outros."

Compreendi então que eu realmente precisava aprender que as coisas acontecem no seu devido tempo. Tudo na vida ocorre na hora exata. Percebi também que não adiantava despender energia me preocupando com os resultados finais: isso só me faria deixar de aproveitar o dia-a-dia e a vida.

Identifiquei os rostos como de alguns dos meus professores do Conselho Etéreo. Era a equipe de guias que me protegia e me transmitia aceitação, paciência, conhecimento, autoconfiança, disciplina, compaixão, alegria e humor. Essas eram as forças divinas que me mantinham na verdade e longe do caminho do mal.

Abri os olhos e fixei o teto. Eu sabia que tinha estado de fato com aqueles espíritos e tinha certeza de que os veria de novo. Isso tem realmente me acontecido muitas vezes.

Há pessoas que acham que você deve *ver* ou *ouvir* seus guias para saber que estão presentes. No entanto, embora não os ouça nem os veja, você pode *sentir* ou *perceber* que eles estão perto de você. Para que isso ocorra, você deve permanecer num nível de vibração superior. A melhor maneira de conservar sua energia é amar-se como amaria um filho querido. Tenha fé em suas aptidões e tenha confiança: o universo lhe dará as respostas.

6 PROTEÇÃO MEDIÚNICA
Vampiros Mediúnicos, Entidades Astrais e Outras Energias Potencialmente Prejudiciais

Quando você tiver aprendido as muitas maneiras de abrir-se ao contato mediúnico, vai certamente interagir com inúmeras energias, espíritos e até formas de pensamentos que talvez não sejam para seu bem. Tenha cuidado com atividades realizadas por pessoas desconhecidas, porque elas podem abrir algumas portas perigosas. Sempre digo a meus alunos que ter percepção e conhecimento não é o suficiente. Devemos estar sempre vigilantes para nos protegermos de energias potencialmente negativas ou prejudiciais.

Por favor, compreenda que o mundo espiritual e o material não são separados. O nível astral que está dentro de nós e à nossa volta é um local de encontro para muitas influências que se originam das atividades físicas, emocionais e mentais dos seres humanos. Esses elementos nem sempre são benéficos e podem até prejudicar nosso bem-estar.

Além disso, nossos próprios temores, raivas, depressões e desejos podem atrair energias indesejáveis a invadir nossa psique. A culpa, especialmente, é um precursor de más influências. Se freqüentemente agimos motivados pela culpa, inconscientemente nos condenamos. Culpa e castigo caminham juntos e debilitam nosso centro espiritual. Se fizemos alguma coisa da qual nos envergonhamos ou que nos causa remorso, precisamos desenvolver compaixão para nos perdoarmos. Caso contrário, eliminamos nosso fornecimento de energia. Quando ficamos espiritual e emocionalmente esgotados, nos tornamos excessivamente sensíveis às energias externas e vulneráveis às vibrações mediúnicas indesejáveis.

A intimidade sexual é outra forma pela qual as pessoas podem propiciar a entrada de ataques mediúnicos. Precisamos aprender a tomar cuidado e usar nosso bom senso no relacionamento com outras pessoas. Quanto mais nos amarmos e respeitarmos, mais saudáveis e felizes seremos, e mais vibrações superiores atrairemos todos os dias.

Formas negativas de pensamentos

Você já entrou em algum ambiente que lhe causou inquietação? Você sente um ambiente pesado ou de repente experimenta um inexplicável mal-estar? O que está acontecendo? O eu intuitivo está captando certas vibrações, ou formas de pensamentos. Formas de pensamentos são energias que continuam a habitar um espaço durante anos, décadas ou mesmo séculos. Essas vibrações podem ser violentas e negativas ou pacíficas e positivas.

A maioria de nós já visitou uma antiga catedral ou igreja, onde sentiu um sensação de reverência e serenidade. A energia que enchia esses espaços trazia provavelmente a devoção, os sentimentos de amor e compaixão expressos através de pensamentos, orações e cânticos durante muitos anos. Da mesma maneira, há ambientes impregnados de energias negativas, como lugares em que crimes são tramados, pessoas perseguidas e onde o ódio, o rancor e o desejo de vingança predominaram.

Sou extremamente sensível ao ambiente que me cerca. Ao voar sobre uma cidade, posso sentir que a energia muda de um lugar para outro. Há quem ache que isso é maravilhoso, mas nem sempre é assim.

Há alguns anos fiz uma viagem pelas ilhas gregas, ministrando palestras e fazendo sessões com um grupo de pessoas. O Dr. Brian Weiss, autor de livros sobre terapia de vidas passadas, como *Muitas Vidas, Muitos Mestres*, era meu companheiro de trabalho. Foi uma experiência maravilhosa, capaz de transformar a vida. Muitos dos portos onde paramos eram cidades antigas, cheias de riqueza histórica, de onde emanava uma energia altamente positiva.

No entanto, minhas sensações de harmonia mudaram quando desembarcamos em Istambul. Por algum motivo, quando saltei do navio e me dirigi ao centro da cidade, fui invadido por uma intensa energia negativa. Tive dificuldade para respirar e me senti sufocado. À medida que caminhávamos pelas ruas, essas sensações aumentavam. Fiz vários comentários com Brian Weiss e com os demais passageiros de que "alguma coisa aqui não está certa".

Quando o guia turístico nos contou a história da cidade, compreendi a causa de minha reação negativa. Istambul, ex-Constantinopla, é o lugar onde ocorreram alguns dos piores massacres da história humana. O guia nos contou que a bandeira do país, que estampa uma lua crescente e uma estrela sobre um fundo vermelho, representa o que foi observado pelo sultão Murad em 1389 a.C. Enquanto percorria os campos de batalha de uma vitória, ele viu uma estrela reluzente e a forma de lua crescente refletidas numa poça de sangue. Essa informação validou minha reação intensa. Eu estava sentindo formas de pensamentos que refletiam o ódio e a revolta que permaneciam na atmosfera durante todos aqueles anos.

O edifício de tijolos vermelhos

Sendo altamente sensitivo, sou suscetível a sensações de tristeza, depressão e ansiedade. Senti isso tudo em Istambul. Há ocasiões em que mal posso esperar para sair de um local. Tive essa mesma experiência em outra viagem.

Há cerca de três anos, a caminho do Alasca, precisei passar a noite em Vancouver, no Canadá. Eu caminhava por uma das ruas principais com vários membros do meu grupo quando, de repente, me senti paralisado. "Um instante, pessoal. Alguma coisa está errada aqui. Não consigo continuar." Comecei a sentir cãibras estomacais terríveis e minha orelha direita parecia estar em fogo. "Preciso atravessar a rua", informei a meus convidados atônitos.

Rapidamente me ajudaram a atravessar a rua e me sentaram

contra um muro. Ao me sentar, diminuíram as sensações de depressão e ansiedade. Comecei a verificar minha energia para descobrir o tipo de interferência que eu estava captando. Ao mesmo tempo, sabia que precisava me proteger e me livrar de influências invisíveis. Ao avaliar minha reação, percebi que estava numa área de energia extremamente negativa.

Olhei para um edifício de tijolos vermelhos, com cerca de dez andares, do outro lado da rua. Quando me detive numa fila de janelas do último andar, reparei que nelas havia barras negras. Senti que coisas muito cruéis aconteciam atrás das janelas. Consegui ouvir os gritos agônicos das pessoas aprisionadas lá dentro.

Os beirais do prédio estampavam estátuas religiosas, inclusive a imagem de Jesus com as mãos estendidas à frente. Olhei para baixo e li uma placa no portão da frente que, para minha surpresa, dizia tratar-se de um hospital. Apesar disso, senti que muitas pessoas tinham sofrido terapias bárbaras e cruéis nesse chamado lugar de cura. O hospital estava certamente mal-assombrado por muitas almas que tinham morrido desnecessariamente ali dentro.

Olhando para o edifício de tijolos vermelhos, pude sentir o sofrimento, a raiva, o medo e o ódio exalados pelas pobres almas. Esses fantasmas continuavam a vagar pelos corredores do hospital, revivendo repetidamente a agonia causada pela terapia de choque e outras estranhas experiências. Como não podiam se dar conta do que acontecia, porque mal sabiam onde se encontravam, esses espíritos se sentiam verdadeiramente encurralados. Suas almas permaneciam ligadas à Terra, por causa das terríveis experiências de medo. Consegui sentir isso, e muito mais, na atmosfera.

Recentemente voltei a Vancouver para dar uma palestra. Estava indo de carro para o hotel com um amigo quando, de repente, ele apontou para fora da janela e comentou: "Cara, olha aquilo! Parece o cenário de um filme de terror!"

Olhei pela janela e mais uma vez deparei com o soturno edifício de tijolos vermelhos. Respirei fundo e pensei: "Você não faz a menor idéia do que se trata!"

Uma colina gramada

Como se pode ver, costumo ter muitos encontros mediúnicos quando viajo. Uma de minhas experiências incríveis ocorreu em Dallas durante a viagem de divulgação de meu primeiro livro, *Conversando com os Espíritos*. Eu acabara de ser entrevistado no centro da cidade, para um jornal de Dallas. Marie, minha assessora de imprensa, me conduziu para a próxima entrevista. Quando o carro passou por uma das principais vias da cidade, subitamente me senti muito estranho.

– Por favor, pare o carro – pedi.

Marie estacionou e desligou o motor.

– Alguma coisa por aqui é estranha. A energia de repente se intensificou. – Olhei para a área em redor e percebi que já vira aquele lugar. – Onde estamos? – perguntei a Marie.

– Estamos a uma esquina do depósito de livros de onde atiraram no Presidente Kennedy – respondeu.

Senti o sangue me subir ao rosto. Eu pensara em visitar o local do assassinato enquanto estivesse em Dallas, mas sabia que minha agenda repleta provavelmente não me permitiria.

– Eu gostaria de descer do carro e ir até lá.

Logo que saí do carro me concentrei e fiz uma prece. Depois, silenciosamente, cumpri meu ritual de proteção. Quando comecei a andar em direção à área, senti uma energia muito densa. Quanto mais eu me aproximava do edifício, mais densa ficava a energia.

Parei a cinqüenta metros de onde Kennedy fora morto e senti o pânico, a loucura, o horror. Pareceu-me que aquele determinado momento da História estava para sempre congelado no tempo. Metafisicamente falando, um evento tão funesto tem um efeito eterno. A rua pode ter sido repavimentada, o panorama da área próxima modificado e até mesmo o prédio reformado, mas nada consegue diminuir a profunda energia daquele momento: ele continua muito vivo e gravado naquele espaço por toda a eternidade.

Enquanto eu analisava a área, tinha uma visão clarividente do que acontecera naquele dia terrível em Dallas. Acredito firmemente que havia uma conspiração envolvendo vários homens. Dois em especial foram, sem dúvida, responsáveis por matar o presidente: tenho certeza disso, porque pude ver dois homens fugindo num carro. A porta do carro tinha sido modificada para que o veículo parecesse oficial. Esses dois homens escaparam sem ser notados e se dirigiram a um pequeno aeroporto municipal próximo.

Ainda não tive oportunidade de confirmar essas impressões com o espírito de John F. Kennedy, mas espero que um dia isso ocorra.

Aprendendo a detectar os sinais

Sou capaz de sentir influências negativas no meu corpo físico. Em geral começo a me sentir enfermo ou estranho. Mas cada pessoa é diferente da outra e sente a energia mediúnica negativa de uma forma específica. Os seguintes sintomas indicam um ataque mediúnico por influências negativas:

- insônia e distúrbios do sono
- pesadelos que se repetem e sonhos de terror
- baixos níveis matutinos de energia
- sensação de esgotamento perto de certas pessoas ou em alguns locais
- enjôos ou cãibras estomacais
- obsessão por uma certa pessoa ou coisa
- ansiedade ou pressão perto de certas pessoas ou em alguns lugares
- colapso nervoso
- dores de cabeça que ocorrem alguns minutos depois de você falar com uma certa pessoa
- dores de cabeça crônicas
- sensação de cansaço ao entrar num prédio, numa loja ou numa casa

- fadiga e exaustão crônicas
- odores fétidos ou repulsivos em redor de pessoas ou lugares
- ocorrências estranhas
- acidentes freqüentes
- depressão ou mau humor súbitos

O efeito de energias mediúnicas

De vez em quando, até eu baixo a guarda e me sinto esmagado por energias mediúnicas que invadem meu espaço. Lembro-me da ocasião em que participei do *The Roseanne Show*. Eu estava no fim da viagem de divulgação do meu livro e me sentia exausto. Naquele programa fiz demonstrações para várias pessoas, cada uma mais emocionante do que a outra. Quando terminei, eu estava física e emocionalmente exaurido. Ao voltar para casa, fui consultar meu amigo Michael Tamura, um grande curador mediúnico.

Michael me olhou e disse:

– Você apareceu na TV recentemente. Há muita energia ao seu redor que *não* é sua.

Ele começou a descrever em detalhe várias das pessoas para quem eu tinha feito demonstrações dois dias antes.

– Meu Deus! – exclamei. – Você está totalmente certo.

Eu não apenas abrira meu campo energético para o contato com os espíritos como também acumulara o campo de energia de todos os presentes. Todas as pessoas para quem fiz demonstrações e todos os que estavam no auditório ficaram ligados ao meu campo energético. Não era de admirar que eu me sentisse como se estivesse carregando o peso do mundo nos ombros.

Os vampiros mediúnicos

Sinto-me na obrigação de explicar como é importante compreender a transferência de energia e como certas pessoas podem nos afetar negativamente. Esses vampiros mediúnicos são capazes de sugar nossa energia, deixando-nos completamente debilitados. Muitos deles vibram em baixos níveis de freqüência e atraem entidades astrais negativas. Quando você está perto de vampiros mediúnicos, pode sentir essa vibração baixa. Talvez você não saiba o que está sentindo, mas intuitivamente tem conhecimento de que alguma coisa é opressiva, depressiva ou instável.

Quando as pessoas projetam raiva, ciúme, ódio, inveja, medo e ressentimento, você fica sem energia. Geralmente elas não se dão conta de que sua energia negativa está indo além delas e prejudicando outras pessoas, porque estão envolvidas em sua própria infelicidade. Uma pessoa cheia de pessimismo e amargura, que só vê o lado negro da vida, descarrega vibrações baixas na atmosfera. Como ondinhas num lago, essas vibrações se exteriorizam e afetam todos e tudo dentro de seu âmbito.

O mesmo acontece com alguém extremamente medroso e arrasado pela dúvida e desconfiança: para essa pessoa, tudo é sinistro e sem solução. Pode ser qualquer um: seu colega de trabalho, marido, amigo, o caixa do supermercado ou seu dentista. O medo constante é um convite aberto às entidades astrais.

É importante observar quando seu corpo está perturbado ou suas emoções descontroladas. Comece a reconhecer mudanças no seu comportamento quando estiver perto de certas pessoas e em certos ambientes. Repare se você fica sempre com dor de cabeça ao entrar na casa de um amigo. Você sente inquietação ou nervosismo quando pensa em se encontrar com uma determinada pessoa? Seu humor se modifica quando você entra em certos prédios? Respeite sua intuição e preste atenção aos sinais vindos de seus corpos emocional e físico. Você não pode se isolar do mundo, pois faz parte dele, mas pode minimizar os efeitos das influências mediúnicas negativas que nos cercam, mantendo-se consciente e alerta.

Proximidade prejudicial

Quando Jenny compareceu para sua sessão, parecia pronta para ser internada numa UTI. Fiquei impressionado com as manchas negras e os rasgões pontiagudos de sua aura. Tentáculos vermelhos e negros estavam ligados ao chakra de seu coração, sugando-lhe a vida. Para mim era evidente que essa mulher estava gravemente enferma e perturbada. Antes de começar a sessão, precisava curar parte de seu sofrimento e das perturbações que cercavam seu campo energético.

– O que está acontecendo com você? – perguntei-lhe.

Jenny admitiu ser casada com um homem extremamente negativo:

– Ele é implacável nos negócios e leva para casa toda essa animosidade. Mal nos falamos.

Ela revelou estar sofrendo de síndrome de fadiga crônica, de cândida sistemática e fibromialgia. Para mim era evidente que seus sintomas estavam diretamente relacionados com a energia de seu marido e com seu casamento fracassado.

Comecei a atendê-la espiritualmente, limpando sua aura, ao eliminar os elementos negativos, e suavizando as lágrimas. Pude então elevar-lhe a vibração. Eu sabia que era importante ser absolutamente franco:

– Acredito que você esteja sofrendo um ataque mediúnico – disse. – É muito provável que isso seja devido à energia negativa de seu marido. Ao estar próxima e ser íntima dele, você fica exposta a toda essa energia. Você entende o conceito de vampiro mediúnico?

– Acho que sim – respondeu Jenny.

– Como seu marido é desonesto e falso, ele atrai formas inferiores de energia para a aura dele, e essas vibrações inferiores influenciam a sua energia também.

Minha franqueza calou fundo em Jenny. Ela compreendeu que estava vivendo uma mentira e que precisava readquirir seu equilíbrio e sua sanidade para ficar bem. Logo depois de me consultar, ela deu início ao processo de divórcio.

Ausentei-me da cidade durante muitos meses. No regresso, ao rever Jenny, quase não a reconheci: sua aura havia mudado completamente. Os buracos e a escuridão tinham praticamente desaparecido. Ela parecia feliz, saudável e animada.

– O que foi que houve? – indaguei, surpreso e encantado.

– Deixei meu marido – ela respondeu. – Não foi fácil. Ele se mostrou mau e vingativo, mas rezei muito pedindo orientação.

Jenny me contou que, pouco depois de abandonar o marido, seus sintomas começaram a desaparecer:

– Readquiri minha força física e comecei minha recuperação. – Jenny vive agora livre de sofrimento e depressão.

Quando se está próximo a alguém que é um vampiro mediúnico, às vezes a única alternativa é afastar-se, como fez Jenny. Se você acha que não pode abandonar uma pessoa – digamos, sua mãe idosa –, precisará ficar vigilante para manter sua aura forte e saudável e se proteger. No capítulo 9 lhe darei instruções sobre como se proteger das energias negativas. Uma defesa forte é tão importante quanto uma ofensiva forte.

Manipulação mediúnica

Costumamos atrair pessoas que refletem nossos pontos fracos e sentimentos negativos. Uma boa maneira de ficar livre de influências mediúnicas indesejáveis é ter consciência dos pensamentos que ocupam nossa mente. Este era o caso de minha amiga Diane. Aos quarenta e poucos anos começou a se preocupar com sua aparência. Ela me contou a experiência que teve numa festa:

– O anfitrião tinha contratado uma sensitiva para ler as mãos dos convidados. Quando ela leu minha mão, disse que, se eu não mudasse meu ramo de negócios, começaria a envelhecer muito rapidamente, dentro de um ano.

Diane não compreendeu bem o que a sensitiva lhe disse e continuou na mesma atividade profissional. Mas as palavras sobre envelhecimento calaram fundo em sua alma.

– Você não imagina o que aconteceu! – ela exclamou. – No período de um ano depois disso, meu cabelo ficou grisalho. Eu olhava no espelho e via rugas em volta dos olhos e da boca, e a pele debaixo do queixo começou a cair.

Diane sentiu-se muito ansiosa porque a previsão negativa estava se realizando. – James, as palavras daquela mulher não paravam de girar na minha cabeça. Acreditei nela porque era uma sensitiva, a quem eu atribuía muito poder.

Com o tempo, Diane soube que a leitora de mãos havia espalhado sua negatividade a outras pessoas na festa. Na verdade, ela dissera a todo mundo alguma coisa preocupante. Alguém comentou que a sensitiva trabalhava com as forças do mal.

Diane percebeu que, se continuasse a acreditar naquela pressão negativa, as palavras da sensitiva se tornariam realidade. Resolveu então controlar os próprios pensamentos:

– Toda vez que penso em envelhecer, digo para mim mesma: "Sai dessa!" Acho que está dando certo.

A história de Diane nos lembra que, independentemente de qualquer fator, ninguém pode exercer poder sobre nós. Em qualquer circunstância e com qualquer pessoa, sempre pode dizer "não". Você certamente tem o poder de se recusar a aceitar pensamentos negativos e imagens de medo. É só quando permite que pessoas ou situações assumam seu controle mental ou emocional que você se abre para energias indesejáveis e debilitadoras.

Entidades astrais

Entidades astrais inferiores podem introduzir-se nos nossos campos energéticos quando nossas energias estão esgotadas. Como comentei no capítulo 3, os pensamentos negativos e os comportamentos descontrolados enfraquecem nosso escudo áurico e nos colocam em risco de ser invadidos. Entidades atrasadas sentem falta do conforto do mundo físico e geralmente querem voltar a senti-lo, ligando-se aos campos energéticos dos seres vivos. Lembre-se que, quando uma pessoa passa a ser espírito, ela retém a personalidade que possuía na Terra. Assim, se alguém basicamente era uma pessoa agressiva na Terra, é mais do que provável que ela continue da mesma forma quando espírito, a não ser que aprenda a ser de outra maneira.

As entidades se alimentam da conduta e das emoções negativas da pessoa que invadem e reforçam esse comportamento negativo. Elas instigam discussões e geram situações que levam a explosões de raiva e ira. Isso se torna um círculo vicioso e perigoso. Quanto mais formos negativos, mais negatividade criamos.

As entidades astrais inferiores podem causar graves prejuízos mentais e instabilidade emocional, confusão, súbitas mudanças de humor e comportamentos desequilibrados. Pessoas afetadas pela energia de entidades inferiores costumam apresentar padrões autodestrutivos e severos distúrbios mentais. Entidades inferiores podem também dificultar o processo de cura e causar enfermidades físicas prolongadas, porque precisam dessa energia dolorosa para viver.

A invasão de entidades em um corpo humano é um tema delicado. Muitas pessoas identificam esse fenômeno com casos extremos de obsessão, como no filme *O Exorcista*. Isso serve apenas para provocar mais medo a respeito dos mundos invisíveis que nos cercam. No entanto, essas invasões podem acontecer de maneiras mais sutis e furtivas, e são muito mais comuns nessa forma.

Se eu me amasse

Durante uma visita a São Francisco, fiz uma sessão com uma mulher chamada Alissa. Para encontrar-se comigo, Alissa tinha dirigido cerca de duas horas desde sua cidade no interior, pois há meses esperava essa sessão. A informação que me veio através dessa sessão ilustra bem a importância de tomar cuidado com as pessoas às quais nos ligamos.

– Vejo uma moça que tem seus olhos. Na verdade, é uma versão mais jovem de você – disse a Alissa. Prossegui: – Acredito que ela seja sua filha. Ela me diz que tem uma irmã. – Alissa arregalou os olhos. – Você sabe quem é Marcy ou Marcia?

– É claro que sei. Oh, meu Deus, você está falando com minha filhinha. Minha filhinha está aqui – gritou Alissa. – Graças a Deus! Ela está com o avô?

Enviei esse pensamento para Marcia.

– Sua filha está me dizendo que está com alguém chamado Burt e me fala alguma coisa a respeito de estar voltando para a escola.

– Burt era um amiguinho de Marcia, quando pequena. Ele morreu muito cedo. Estava andando de bicicleta quando foi atingido por um carro.

Prossegui:

– Sua filha me conta que está feliz agora e que lamenta ter lhe causado tantas dores de cabeça quando estava no colegial.

A mãe aceitou o que eu disse e mostrou-se ansiosa para que eu continuasse. Fui em frente, contatando não apenas a filha, mas também o pai de Alissa, Montgomery, e vários outros parentes. Só no final da sessão o verdadeiro significado dessa conexão foi revelado.

– Você conhece o nome Christy? – indaguei.

Alissa franziu a testa:

– Você pode repetir?

Eu expliquei:

– Sua filha está citando esse nome e me pedindo que o reconheça. – A expressão do rosto de Alissa manifestou seu desconforto a respeito de Christy. Mas Marcia continuou insistindo para que a mãe falasse a respeito de sua amiga Christy: – Marcia está me dizendo que sofria muito. Sofria muito emocionalmente.

– É verdade, ela sofria muito – disse Alissa.

– Sua filha está dizendo que não se conhecia: tinha uma péssima imagem de si mesma, e fica falando sobre seus demônios e como Christy a influenciou.

Ao ouvir isso, Alissa gritou:

– Eu sei! Eu sei! Não era ela. Eu sabia que não era minha filha. Eu nem a reconhecia. Marcia mudou muito.

– Ela está me contando que lamenta não ter sido uma filha melhor para você. Está tentando me transmitir que não tinha força suficiente para combater a energia de Christy, e que Christy atraía energias muito negativas e situações terríveis para sua vida. Christy gostava de drogas, poder e destruição.

Alissa concordou e explicou que Christy era usuária de heroína desde os quatorze anos.

– Você reconhece o nome Sam? – perguntei.

Alissa ficou perplexa. Abriu a boca, mas não emitiu um som. Finalmente, após um longo minuto, respondeu:

– Sim, sim, reconheço. Oh, querida, sei que você não teve a intenção. Ah, meu Deus!

Transmiti a Alissa os lamentos agônicos de Marcia:

– Não tive a menor intenção, mamãe. Não fui eu. Você precisa acreditar que não fui eu. Foi a Christy. Fiz apenas o que ela queria que eu fizesse. Lamento muitíssimo.

A sessão continuou por mais algum tempo. Pelas informações, pude deduzir que Marcia e Christy eram grandes amigas. Christy era uma pessoa altamente negativa, que atraíra para si entidades inferiores. As entidades astrais influenciaram sua vida e infelizmente também penetraram na esfera energética de Marcia.

Nesse momento, Marcia revelou a pavorosa história de como Christy lhe enchera a cabeça com mentiras terríveis sobre esse homem chamado Sam.

– Sua filha está me contando que tudo o que ela queria fazer era matar Sam, por fazer sua amiga sofrer – expliquei. – Ela está dizendo que suas idéias não lhe pertenciam: ela estava sendo usada.

Alissa permaneceu sentada em silêncio, enquanto eu continuei a lhe transmitir as mensagens da filha. Pelas visões enviadas por Marcia, tomei conhecimento dos detalhes sangrentos de uma conspiração mortal. Marcia me mostrou como esperou certa noite atrás de um arbusto em frente ao apartamento de Sam. Quando ele chegou, ela tirou uma pistola da bolsa e a encostou na cabeça dele. Quando ele correu para escapar, ela atirou, e depois virou a arma contra si e puxou o gatilho.

– Ela agora sabe que agiu errado – disse a Alissa, cujo rosto estava molhado de lágrimas. – Está me falando da importância de sermos verdadeiros com nós mesmos, e lamenta ter sido fraca e permitido que Christy a controlasse. Marcia admite não ter tido força para resistir a Christy. Sua filha, Alissa, viveu a vida de Christy, não a dela mesma. Ela só queria ter se amado mais.

Marcia aprendeu, da pior maneira possível, que viver a vida de outra pessoa pode nos levar a destruir muitas outras vidas, inclusive a nossa.

Protegendo-se

A melhor forma de se proteger contra pensamentos indesejáveis, energias negativas e vampiros mediúnicos é fortalecer sua aura. Visualize-a como um escudo de luz invisível e protetor ao seu redor, capaz de desviar qualquer energia negativa que tente penetrar no seu espaço. Lembre-se também que você tem auxiliares espirituais sob a forma de anjos e espíritos-guia sempre prontos a ajudá-lo.

Eis algumas das maneiras básicas para se construir uma aura forte que ajuda a proteger você das energias negativas:

- Durma o número suficiente de horas.
- Preste atenção nos seus sonhos.
- Exercite-se periodicamente, descanse e se alimente saudavelmente. Um corpo fragilizado é vulnerável; um corpo saudável é a melhor defesa.
- Tenha uma atitude positiva e afetuosa em relação a você e aos outros e elimine pensamentos de raiva, ira e ódio.
- Afaste-se de lugares que contenham e atraiam vibrações negativas.

- Evite pessoas negativas, soturnas, enfurecidas e medrosas.
- Passe mais tempo ao ar livre, na natureza. Isso tem uma influência positiva extraordinária no seu campo de energia eletromagnética.
- Tente conservar sua casa e seu espaço no escritório razoavelmente limpos e bem arrumados. A sujeira física atrai lixo mediúnico.
- Desapegue-se da autocrítica e do autojulgamento.
- Perdoe-se por tudo o que fizer. E perdoe os outros também.
- Ria sempre que puder. O riso rompe os vínculos da negatividade.
- Abençoe a pessoa que você acha que lhe está causando prejuízo.
- Peça a seus anjos e guias que proteja e defenda você.
- Sobretudo, encha-se da luz da energia da Força de Deus cada vez que inspirar. Peça que apenas a energia benéfica possa penetrar no seu corpo e na sua aura.

Lembre-se: orar e meditar são os meios básicos para a autoproteção. Quando se preparar física, emocional e mentalmente para o contato espiritual, lembre-se também de afastar as energias negativas indesejáveis. Ao fortalecer sua aura e seguir a orientação de seu eu superior e espíritos-guia, vai saber selecionar e conhecer pessoas, lugares e acontecimentos.

7 MILAGRES COTIDIANOS

As Extraordinárias Experiências de Pessoas Comuns

Quando comecei a estudar o espiritismo e a paranormalidade, pesquisei em centenas de livros, cujos temas abrangiam desde autoajuda, meditação e fortalecimento do próprio poder até obras sobre desenvolvimento mediúnico. À proporção que avançava nos meus estudos, entendia que os livros tinham um elemento em comum: o conceito de que o poder da mente pode causar mudanças.

Espere um milagre todo dia

Desde que li essa expressão há vinte anos, ela se tornou meu credo. Descobri que milagres são possíveis se eu utilizar meus pensamentos de forma positiva e benéfica. A possibilidade de manifestar o que eu quero só é limitada pelo meu pensamento.

Certo dia, compareci a um culto dominical na Igreja de Hollywood da Ciência Religiosa. Embora eu não conhecesse essa doutrina, rapidamente entendi que seus princípios tinham ressonância na minha vida. Seus dogmas, elaborados pelo Dr. Ernest Holmes na década de 1920, incluíam acreditar numa única fonte de energia divina, que se manifestava em toda a Criação. Nessa perspectiva, todos os seres humanos se interconectam a essa inteligência universal por meio de seus pensamentos e sua intuição. O ministro explicou que somos todos responsáveis por nossas vidas atuais e que nossos pensamentos agem para criar nosso futuro. Quando ouvi essas palavras, concordei inteiramente com elas.

Entendi que a vida é uma extraordinária tapeçaria. Nossas necessidades, vontades e preces são cuidadosamente tecidas nessa tapeçaria. A cada respirar e a cada passo, tecemos os fios. Cabe sempre a nós a maneira de escolher como incorporar as ofertas da vida à nossa tapeçaria. Quando abrimos nossos corações e mentes para receber o apoio inegável da energia divina presente em todos os aspectos de nossa vida, mesmo os atos mais simples da Criação, tal como o nascer do sol, o desabrochar de uma flor ou um pássaro voando no céu, comprovamos que todo dia acontecem extraordinários milagres. É só ter olhos para deslumbrar-se com eles.

O que é um milagre?

Os milagres são coisas que criamos ou presentes divinos inesperados que caem do céu? Devemos orar por um milagre ou ele é oferecido a quem precisa dele? A cura de um câncer é um milagre maior do que o florescer de uma rosa?

Um milagre é algo que acontece dentro do curso natural dos fatos e transcende as leis físicas, tais como as conhecemos. Costuma-se associar um milagre a uma crença religiosa ou manifestação sobrenatural, mas ele é muito mais do que isso. Para um clarividente como eu, os milagres são passos de uma dança cósmica. São o resultado de nossos pensamentos, aliados à aceitação das energias que nos rodeiam. Acredito que milagres sejam como sementes: quando plantados e regados por nossa atenção e admiração, eles florescem.

Surge a pergunta: os milagres só ocorrem para quem acredita em Deus? Os milagres acontecem para certas pessoas porque elas são melhores do que outras? Não é preciso acreditar em Deus para que milagres aconteçam em nossa vida. Deus não é uma pessoa, mas uma força terna que abrange tudo, e essa energia amorosa, essa fagulha de Deus, está em cada um de nós. Todo mundo tem oportunidade de receber um milagre, mas precisamos estar receptivos a ele e atentos para reconhecê-lo.

Meu contato com os mundos celestiais pode ser descrito como milagroso. Ser capaz de transpor ambos os mundos e ser tocado pelos espíritos me convence integralmente das infinitas possibilidades disponíveis a todos. Imagine a maravilha que é ser capaz de ter lampejos da glória do céu bem aqui na Terra! Fui abençoado com milagres muitas vezes, e já constatei que eles mudaram para sempre a vida de pessoas. Cada revelação a respeito da vida humana, do ponto de vida de um espírito, é acompanhada por uma irresistível sensação de júbilo. Saber que somos seres espirituais verdadeiramente ilimitados é incrível demais para ser ignorado.

Os espíritos costumam falar do poder de Deus dentro de cada pessoa. Como reconhecer esse poder de Deus? Eles me asseguram que a maneira mais rápida é derrubar as muralhas da autocrítica e do autojulgamento e nos alimentar de *amor*. Ao fazê-lo, começamos a viver no reino das possibilidades, onde habita o milagre.

Quando temos amor por nós mesmos, principiamos a viver num estado de percepção de Deus. Isso é viver no céu, enquanto caminhamos pela Terra. Vivendo dessa percepção amorosa, tomamos conhecimento de que tudo é possível e ficamos preparados para participar dos frutos de nossa herança espiritual, a que geralmente nos referimos como "milagres".

Viva com a sua verdade

Há muitos anos, uma cliente chamada Joanne me pediu uma sessão. Quando o espírito se apresentou, eu soube que a vida de Joanne tinha sido muito difícil. Abusaram dela quando criança e ela se tornou uma fugitiva. Quando a vi, ainda parecia estar procurando sua verdadeira identidade.

– Está aqui uma mulher de cabelo escuro – eu lhe disse. – Está segurando o que parece ser uma Bíblia. Você entende por quê?

– Não tenho certeza – Joanne hesitou.

– Ela me mostra a foto de uma igreja. As portas estão se abrindo e a igreja está cheia de gente. As pessoas estão de pé, com as mãos em cima da cabeça. Acho que é um culto religioso.

Ela descobriu do que se tratava:

– Agora sei. É minha amiga Rose. Ela me ajudou a mudar de vida quando eu morava na rua.

Transmiti a mensagem:

– Ela diz que continua a proteger você.

Joanne partilhou então seu relacionamento com esse espírito:

– Rose era uma espécie de missionária. Vagava pelas ruas à procura de almas perdidas como eu. Ela me encontrou quando eu estava no fundo do poço, me alimentou, me deu roupas e leu histórias da Bíblia para mim. Se não fosse ela... – Joanne começou a chorar. Esperei calmamente que se acalmasse. – Tornei-me uma cristã renascida e dediquei a vida a Jesus. Isso foi há mais de vinte anos.

– Rose está dizendo que você continua a buscar respostas e está me mostrando um cavalete e uma tela. Você entende por quê? – disse.

Joanne me contou que, desde menininha, adorava desenhar e pintar. Sempre se sentia feliz e viva quando pintava:

– Mas nunca achei que fosse talentosa, e, além disso, eu precisava me sustentar – explicou.

– Recomece a pintar. Rose estará ao seu lado para inspirá-la. – Com essa informação revelada na sessão, Joanne decidiu retornar à sua arte.

Anos depois, um participante de um seminário me falou de Joanne. Ela se tornara uma terapeuta artística e era famosa na sua área. Obviamente seguira o conselho de sua mentora e amiga espiritual Rose. Hoje, Joanne ajuda outras pessoas a encontrar seu verdadeiro eu, da mesma forma que foi ajudada a encontrar o seu.

Experiências do dia-a-dia, mesmo as mais dolorosas e terríveis, como abuso, abandono e vícios, têm significado para o desenvolvimento de nossa alma. Do mesmo modo como Joanne foi auxiliada pelo espírito a encontrar o desejo de sua alma e a livrar-se de sua baixa auto-estima, todos nós podemos aprender lições de compromisso, compaixão, perdão, solidariedade e paciência. As mensagens que recebemos do céu podem nos ajudar nas mínimas coisas, desde conseguir uma vaga para estacionar até questões mais importantes, como reconhecer nosso verdadeiro valor.

A hora certa para os milagres

As pessoas costumam ficar ansiosas para saber: "Quando é que isso e aquilo vai acontecer?" Minha resposta geralmente as surpreende: "Quando Deus diz sim, você diz não?" Ficamos tão concentrados, desejando que as coisas aconteçam rapidamente, que muitas vezes perdemos as inúmeras oportunidades que batem à nossa porta. Os milagres acontecem na hora em que o espírito quiser: essa é a verdade. Quando você coloca a energia em ação com uma idéia criativa, ela se manifesta na época apropriada para o seu crescimento como pessoa. Mas quem sabe quando será isso? Hoje, amanhã, este ano, no ano que vem, na próxima década ou na próxima vida? As leis universais que governam nossas almas são muito diferentes das que governam nosso mundo físico. No cosmos não existe o *tempo* como o conhecemos nesta dimensão.

O que existe é um grande ritmo na energia da vida e em toda a criação. Tudo flui para dentro e para fora, para a frente e para trás, como as marés. O universo sempre terá sua ascensão e queda, ação e reação. Esta é uma lei universal, tão natural quanto inspirar e expirar. Os mestres compreenderam essa lei do ritmo e aprenderam a compensar as oscilações inerentes à vida. Ao eliminar as vontades do ego e se recusar a ceder às condições mentais ou emoções negativas, eles neutralizaram o oscilar retrógrado do pêndulo. Em outras palavras: se você quer um milagre, espere que ele aconteça. Quanto mais forte o propósito e mais pura a vontade, mais depressa a energia se move.

Desapegar-se

Por mais que desejemos que as coisas aconteçam, devemos aprender a desapegar-nos de certas coisas e a permitir que o espírito faça sua parte. Isso não quer dizer que não devemos agir: precisamos avançar com fé e confiança num universo que supre todas as nossas necessidades e vontades, como se verá no exemplo a seguir.

Há vários anos, uma mulher chamada Rebecca quis fazer uma sessão comigo, pois se sentia muito deprimida. Estava desempregada, obesa, e na iminência de perder sua casa. Candidatou-se a cargos em muitas empresas, mas nada deu certo.

– Estou fazendo o possível para conseguir um emprego, mas me sinto como se estivesse imprensada contra um muro. Você pode me ajudar?

Olhei para sua aura e vi centelhas por todos os lados. Eu sabia que ela lutava havia muito tempo para fazer as coisas "acontecerem".

– Acho que você precisa mudar de atitude. Às vezes é preciso desapegar-se do que você quer e deixar que Deus interfira – disse.

Rebecca ficou atônita por um momento e depois disse:

– Bem, tenho uma irmã que mora no noroeste. Talvez eu possa passar algum tempo com ela.

A sessão começou, e os espíritos que surgiram incentivaram Rebecca a ir ficar com a irmã, pois lá encontraria paz de espírito.

– Mas continuo sem trabalho – ela objetou – e a hipoteca de minha casa está sendo executada. Eu acho que devia fazer alguma coisa para resolver esse problema.

Percebi que Rebecca era teimosa e tentava controlar sua vida da forma que acreditava ser a melhor.

– Compreendo – eu disse –, mas tenho a sensação de que há uma coisa boa esperando por você, se acreditar em Deus.

Ao sair, Rebecca me abraçou e lhe pedi que desse notícias.

Dois anos depois, Rebecca telefonou para meu escritório:

– Preciso ver você. Tenho notícias para dar.

Quando ela surgiu à minha porta, fiquei perplexo: Rebecca

perdera uns cinqüenta quilos e era uma pessoa completamente diferente.

– Meu Deus! – exclamei, levando a mão à boca. – O que aconteceu?

Ela continuou parada, sorrindo:

– Fui mesmo morar com minha irmã no Oregon. No início foi muito difícil, porque precisamos nos adaptar às novas circunstâncias. Consegui um emprego numa loja de produtos naturais e comecei a usar os produtos que eles vendiam. Aprendi muito sobre nutrição e dieta. Como morávamos no interior, eu dava longos passeios a pé. Com o tempo, comecei a perder peso e a me sentir melhor comigo mesma. Aí, sem nenhuma razão aparente, um homem telefonou para se informar sobre uma empresa de animação na qual eu trabalhara há anos. Um mês depois, ele foi ao Oregon para tratar de um assunto que não tinha nada a ver com o telefonema. Ele me ligou e jantamos juntos. Durante o jantar, ele me perguntou se eu estaria interessada em ser coordenadora de produção para um filme que sua companhia estava financiando. Bem, para resumir: estou a caminho da Itália. Tenho um contrato de dois anos e eles vão pagar um professor particular para me dar aulas de italiano.

Eu estava embasbacado.

– Sabe, James, uma vez eu pensei que gostaria de visitar a Itália e percorrer a pé a região da Toscana, mas nunca tive tempo nem dinheiro e sentia muita vergonha de ser obesa. Isso foi há dez anos. Quem poderia adivinhar que aconteceria dessa forma!

Ficou evidente para mim que Rebecca precisara desapegar-se da maneira como queria que as coisas acontecessem para que os espíritos concedessem a realização de seu desejo de acordo com a maneira e o tempo deles.

A arte da manifestação

Nosso trabalho consiste em aprender a explorar os estupendos recursos existentes dentro de nós e à nossa volta. O universo nos dará tudo que quisermos, mas é preciso cuidado para planejar nosso pedido. Se vamos a um restaurante e pedimos peixe, não esperamos que nos sirvam carne. A lei das afinidades garante que atraímos o que armazenamos na mente. Se, mesmo inconscientemente, nos fixamos na pobreza, na doença ou na infelicidade, nós as atraímos para nossas vidas. Na verdade, criamos essas condições com nossos pensamentos.

Como manifestar um milagre? Há quatro etapas bastante fáceis:

1. Defina seu propósito.
2. Especifique claramente o que você quer.
3. Acredite que é verdade.
4. Viva como se o que você pediu já tivesse acontecido.

Quando manifestamos um pensamento com a intenção mais pura, esse pensamento fica livre para existir sem o medo ou a limitação que só atrasam o processo. Intenção pura inclui ausência de julgamento ou de ego e elimina qualquer insistência para que algo se manifeste de uma determinada maneira.

Abra mão do controle. O controle é outro aspecto do medo. Quando você quer controlar, está enviando um recado ao universo de que as coisas *devem* acontecer dentro de certos parâmetros, porque você acredita que essa é a melhor maneira.

Ao apegar-se às coisas, você perde o verdadeiro presente do universo: saber que você merece tudo que a vida tem a oferecer e que o universo *sempre* dará o que você precisa.

Sempre termino minhas palestras afirmando: “Sou saudável, sou feliz, sou sagrado.” Não se trata de triunfalismo. Quero, de fato, que as pessoas comecem a pensar e a viver com essa percepção, porque sei que é assim que conquistarão saúde, felicidade, e tomarão consciência de que somos seres sagrados. Procuro viver dessa forma, dominado por esta certeza: “Sou uma pessoa plena, saudável, feliz e sagrada.”

Ao dizer essas palavras, não se pode esperar que, num passe de mágica, elas se tornem realidade. Mas deve-se viver conscientemente, acreditando que o universo é abundante e atende a todos os desejos. Não se concentre no negativo. Se você deseja saúde, felicidade e santidade, deve procurar ver saúde, felicidade e santidade onde estiver, pois em toda parte elas existem. Com esse pensamento, você atrairá tudo o que for necessário para que saúde, felicidade e santidade se tornem *reais* em sua vida.

Quando abrimos a mente para o incrível universo ilimitado, passamos a participar do fluxo ativo e da energia infinita da vida. Começamos a viver com mais plenitude, conscientes e interessados em todas as manifestações de vida que estão permanentemente ao nosso alcance.

Quando nos deixamos dominar pelo medo e pela carência, qualquer coisa fora do normal parece estranha. Mas quando estamos conscientes do poder e da magia do universo e da própria vida, os milagres se multiplicam e passam a ser completamente naturais.

Você recebe aquilo que pede

Durante muitos anos, vários clientes me procuraram, desejando encontrar a pessoa perfeita para amar. Tammy era uma dessas pessoas. Ela me telefonava sempre e, com o tempo, acabamos amigos. Repetidas vezes ela me dizia:

– Sou muito solitária. Só preciso de alguém para amar. Não quero ficar sozinha.

A auto-estima de Tammy era baixa: achava difícil encontrar em si mesma alguma coisa que a fizesse ser amada.

– Você deve se amar tal como é – expliquei. – Só assim vai abrir espaço em seu coração para atrair alguém.

Eu disse a Tammy que escrevesse as características que ela desejava encontrar na pessoa com quem esperava partilhar sua vida. Achei que esse exercício, além de identificar seu objetivo, a forçaria a notar suas próprias qualidades. Ela nunca fez o que lhe pedi. À medida que o tempo passava, nossas vidas tomaram rumos diferentes e nós nos afastamos.

Vários anos depois, encontrei Tammy, por acaso, num restaurante e lhe perguntei:

– O que é que você anda fazendo?

Ela passou a meia hora seguinte me contando que mudara algumas vezes de emprego, que sua mãe falecera e o quanto sentia essa perda.

– Continuo à procura de alguém para amar – acrescentou. – Acho que o universo se esqueceu de mim. Não tenho ninguém.

– Você chegou a escrever a descrição da pessoa que está buscando?

Ela sorriu:

– Não, acabei não fazendo isso. O universo sabe o que eu quero.

Expliquei que era preciso alguma coisa além disso:

– Você precisa saber exatamente o que quer e viver com essa consciência.

Tammy voltou a sorrir:

– Bem, acho que vou ter de me conformar em viver com meu gato o resto da vida.

Eu nunca tinha ouvido falar do gato:

– Desde quando você tem esse gato? – perguntei.

– Minha vizinha se mudou e, como eu gostava do gato, disse a ela que ficaria com ele. Eu adoro o Whiskers: ele é um amor e me faz companhia. Pelo menos tenho alguém com quem dividir a vida.

Eu então olhei direto para ela e disse:

– Seu desejo foi concedido.

Tammy franziu a testa:

– Não entendi.

– Há muitos anos, você me disse que tudo o que queria era alguém para amar, para que você não vivesse sozinha. Entendeu? O universo lhe deu o que você queria – expliquei.

Era óbvio para mim que Tammy ainda não aprendera a se amar. Expliquei-lhe que os animais nos ensinam muito sobre amor e aceitação incondicionais:

– Talvez o universo lhe tenha mandado o Whiskers para ajudar você a curar seus sentimentos de medo e insegurança.

Tammy olhou tristemente para o chão e disse:

– Acho que você está certo.

Não é suficiente desejar uma coisa: deve-se também acreditar que se vai recebê-la. Quanto mais claro o objetivo, mais precisa a manifestação.

Sincronismo ou coincidência?

Durante recente palestra no Canadá, sobre percepção mediúnica, pedi ao auditório que formasse pequenos grupos para participar de um exercício de psicometria. Instruí que cada parceiro segurasse um objeto pertencente à outra pessoa para ver o que aconteceria. O objetivo era aprender a usar a intuição para receber informações sobre o parceiro por meio da energia ligada ao objeto. Depois de cinco minutos, pedi ao auditório que discutisse as impressões recebidas e que me contassem suas histórias. Um grupo de quatro mulheres levantou as mãos.

Uma delas ficou de pé:

– Aconteceu uma coisa extraordinária. Minha irmã e eu fizemos par com essas duas senhoras à nossa frente. Elas também são irmãs. O sobrenome de nós quatro começa com a letra C. Na semana passada fomos todas ao mesmo cemitério no mesmo dia para visitar nossos avós. Descobrimos que chegamos menos de duas horas depois que elas foram embora. E descobrimos também que os avós de nós quatro estão enterrados na mesma fila e os túmulos ficam um ao lado do outro. Não é incrível?

Terá sido coincidência que essas quatro mulheres, de um total de talvez mil e duzentas pessoas, tivessem se sentado lado a lado? Ou será que isso fazia parte de um plano cósmico em ação? Será que essas mulheres se atraíram devido às semelhanças em seus antecedentes? Quantas "coincidências" acontecem com você? Comigo já sucederam em número suficiente para eu saber que nada acontece por acaso.

No verão em que fiz dezoito anos atravessei os Estados Unidos de carona com meu grande amigo Scott. Quando chegamos a São Francisco, almoçamos num famoso restaurante, onde reparamos em quatro outros rapazes usando mochilas. Ao nos apresentarmos, soubemos que eram turistas alemães em férias de verão, como nós. Eles planejavam ir de carona a San Antonio, no Texas, no dia seguinte. Como já havíamos passado pelo Texas a caminho da costa oeste, nós lhes demos várias sugestões úteis e lhes falamos sobre as rodovias. Eles agradeceram e nos despedimos desejando boa sorte.

Na semana seguinte, ao voltar para a costa leste, Scott e eu pegamos carona com um casal que nos deixou numa estrada no interior do Arizona. Estávamos a vários quilômetros de uma rodovia principal e totalmente perdidos. Caminhamos pela estrada até um cruzamento, esperando encontrar mais tráfego. Ao chegarmos ao cruzamento, vimos quatro vultos sentados no acostamento consultando um mapa. Nós nos perguntamos quem mais estaria perdido ali, no meio do nada. Ao nos aproximarmos, reconhecemos os quatro turistas alemães. Suspiramos aliviados. Eles nos indicaram como chegar à rodovia principal.

Serão esses encontros casuais cosmicamente planejados para nos reunir por uma razão ou causa desconhecida? Obviamente alguma coisa especial acontece nessas ocasiões. Nesse caso, "uma das mãos lavou a outra". Se somos todos feitos de energia, em um nível mediúnico transmitimos certas vibrações que polarizam uma energia específica para nosso campo eletromagnético. Essas conexões são exemplos da fusão de realidades que não pode ser medida pelas leis físicas de tempo e espaço num mundo tridimensional.

Lembre-se que todas as circunstâncias se desenvolvem por meio dos pensamentos. O mundo exterior das circunstâncias é moldado pelo mundo interior do pensamento. Sincronismo, ou aquilo que chamamos de coincidência, é realmente a inteligência divina agindo sobre nossos pensamentos. Já ouvi centenas de histórias em que as coisas simplesmente se encaixaram no lugar sem nenhum esforço. "Se eu tivesse tentado, se eu tivesse planejado, não teria conseguido que isso acontecesse", costuma ser o comentário. Este é exatamente o caso do episódio seguinte.

"Ponho minha mão no fogo por ele"

Nas etapas iniciais de meu trabalho de clarividente, eu precisava de um bom carro e não tinha muito dinheiro. Em Los Angeles, um carro é uma necessidade. Depois de várias semanas procurando, ficou evidente que meu orçamento não seria suficiente para o tipo de carro de que eu necessitava.

Certa noite, um amigo me convidou para assistir a uma produção musical ao ar livre. Enquanto esperava o espetáculo começar, senti um tapinha no ombro. Era um outro amigo sentado atrás de mim.

– Soube que você estava querendo comprar um carro. Já comprou?

Ri: – Não. O carro que eu posso pagar não duraria muito nesta cidade.

– Você gostaria de um Mercedes?

Esse amigo era o gerente-geral da concessionária da cidade e tinha um Mercedes usado, mas em ótimo estado. Concordei em ir ver o carro na manhã seguinte.

O carro era excelente, mas o financiamento ia ser um problema. No banco, a funcionária responsável pela área de crédito me olhou com simpatia e disse:

– Se você acrescentar uns dois ou três mil dólares, podemos dar um jeito.

A outra opção seria pagar mensalmente muito mais do que eu podia. O banco só financiava carros usados em três anos e eu precisava de cinco. Como a funcionária encarregada pela área sabia que eu era amigo do chefe, fez um esforço extra para me ajudar:

– Vou ligar para o gerente do banco e ver se posso fazer mais alguma coisa por você.

Quando começou a falar com o gerente ao telefone, alguém entrou na ligação do outro lado da linha. Após uma pausa, ela gaguejou:

– Sim, senhor. Ah, é sobre um empréstimo para um cliente que quer comprar um carro usado. Ele precisa de um empréstimo de cinco anos. O nome dele? James Van Praagh. Como? Pois não, senhor! Um ótimo dia também! *Quem* é você? – perguntou a moça ao desligar o telefone.

Ela explicou que, enquanto falava com o gerente, o presidente do banco entrou na sala e tirou o telefone da mão do gerente para falar com ela. Quando soube quem estava falando com ela, mandou que concedesse o empréstimo no prazo pedido e ainda acrescentou: "Ponho a minha mão no fogo por ele." Fiquei perplexo.

– Você é amigo dele? – perguntou ela.

– Não – respondi. – Não sou, não.

É desnecessário dizer que consegui meu carro.

Fiquei admirado e surpreso em relação ao presidente do banco. Como é que ele me conhecia? Com o tempo, descobri que, um ano antes, o amigo de um amigo dele tinha telefonado para o amigo de um amigo meu em busca de ajuda. Eles conseguiram me localizar e fiz uma sessão para a mulher do amigo do presidente do banco. Ela estava terrivelmente deprimida depois da morte da filha. Quando acabou a sessão, ela me mostrou um bilhete suicida que havia escrito. Seu contato com os espíritos e com a filha a fez desistir da sua intenção.

Nem na minha fantasia mais louca eu poderia ter planejado esse cenário. Uma pessoa que jamais conheci pôde me ajudar quando eu precisava porque eu ajudara uma outra pessoa. Foi um lindo milagre e agradeci ao universo por ele.

Big Al

Sempre fico honrado ao testemunhar a maravilha e a alegria dos milagres ou, como eu os chamo, das "bênçãos do espírito". O caso seguinte demonstra não apenas como a percepção de um espírito muda quando passa para a luz, mas também como nós aqui na Terra só compreendemos sua mensagem ou sua importância muito tempo depois.

David me procurou para contatar sua mãe, que falecera há vários anos: ela tinha sido fundamental na formação de sua vida, e David queria saber se ela continuava a olhar por ele.

Às vezes, quando me abro para o mundo espiritual de alguém, a pessoa que o cliente quer contatar não aparece. Na maioria das vezes é o espírito que mais deseja transmitir uma mensagem que se comunica. Este foi o caso de David.

– Um espírito está insistindo para manifestar-se, mas não é o de sua mãe. Ele me diz que vocês se conheceram durante anos. Ele se mostra para mim calvo, com cabelo grisalho dos lados da cabeça, e usa um terno escuro muito bem talhado – disse a David.

– Você sabe o nome dele? – perguntou David.

– Bem, se ele me disser o nome, eu o informo a você. Agora ele está acendendo um charuto e soprando a fumaça na minha direção.

Isso não fez David se lembrar de nada. Continuei a enviar mensagens mentais para que o espírito me desse informações mais específicas.

– Ele está me mostrando Las Vegas e citou o nome Betsy. Agora está sorrindo e dizendo que nem sempre agiu bem e que tem se ocupado tentando corrigir os erros que cometeu na vida. Está falando de uma pessoa chamada Jill. Isso faz algum sentido para você?

Percebi que David se esforçava para decifrar as mensagens.

– Sim, Jill é minha mulher. Ele é parente dela?

– Esse homem está me mostrando um canhão sobre rodas. Estranho... Parece feito de ouro. Isso faz sentido?

David estava perplexo:

– Não estou entendendo nada, James. Tem certeza de que essa pessoa veio mesmo para mim? Não tenho nenhum parente assim. Não entendo o que o canhão quer dizer. Lamento. Tem mais alguém com ele?

Comecei a me sentir frustrado, mas sabia por experiência que é assim que o espírito funciona às vezes e que o que eu estava ouvindo era real. Eu sabia que David não se lembrava daquela pessoa naquele momento específico, mas que esse homem era importante. Tanto que eu não conseguia sentir a energia de mais ninguém em volta dele. Parecia que o homem calvo estava determinado a ser o "astro" principal. Eu só conseguia escutar e transmitir suas mensagens.

– Agora ele está citando o nome Steven e apontando para um carro Corvette – disse. – David balançou a cabeça, para dizer que continuava sem entender, mas prossegui: – Bem, lembre-se, por favor, de todas essas informações. Um dia você talvez possa compreendê-las totalmente. Esse homem calvo está dizendo que você não dorme porque leva trabalho para casa. Ele agora está mostrando um fecho ecler e está tentando fechá-lo. Parece que o fecho está quebrado. Não compreendo. E você?

– Bem, hoje vesti uma calça cujo fecho ecler não funcionou. Será que é isso?

– Pode ser, mas não tenho certeza. Ele diz que o fecho não funcionou. Você reconhece o nome Dorman? – perguntei.

Finalmente, essa informação fez sentido para David. Seu rosto se iluminou como uma árvore de Natal:

– Claro, é meu chefe, Paul Dorman. Vai ver esse sujeito é parente dele.

– É, talvez ele o conheça. Ele diz, rindo, que agora o conhece. O riso dele é caloroso. Esse homem está dizendo que não foi honesto com você e pede desculpa por isso. Ele me diz que nunca percebeu que você era uma pessoa tão decente e sente remorso pelo que fez a você.

David balançou a cabeça:

– Não estou entendendo.

Decidi parar e descansar um pouco. Recomecei depois de alguns minutos, tentando ver alguma outra coisa. Recebi a impressão de uma bicicleta com barra de direção curvada. Essa bicicleta era muito popular na década de 1960. Vi também a letra A.

– Ele continua aqui e está me mostrando um grande A. Faz sentido?

– Vou precisar pensar sobre isso, James. Desculpe.

– Mais uma coisa. O homem está me contando que tem ajudado você e o colocou no lugar onde sempre lhe prometeu colocar. Ele está dizendo o nome Wesley.

Após instantes, David disse:

– Bem, trabalhei com um Wesley, mas há um tempão.

Contei então que esse homem careca segurava o canhão de ouro num chaveiro:

– Ele está pedindo desculpas de novo a você e afirmando que compreendeu que tinha sido uma pessoa má na Terra e está tentando corrigir o que fez. Ele quer melhorar as coisas para você.

David continuou sem entender totalmente quem era essa pessoa e por que estava ali. Desliguei o gravador que eu usara para gravar a sessão e dei a fita a David:

– Escute a fita depois de umas semanas e talvez você se lembre de alguma coisa. – Eu sabia que David estava muito desapontado por sua mãe não ter aparecido. – Lamento. Talvez ela venha numa outra sessão. Esse homem, seja lá quem for, precisava corrigir alguma coisa que fez a você.

Cerca de um mês e meio depois, ao chegar ao escritório, ouvi a voz de David quase histérica na secretária eletrônica: "Preciso ver você imediatamente." Telefonei e combinamos jantar naquela mesma noite.

Quando entrei no restaurante, David já me esperava, ansioso para falar:

– Voltei para casa depois de nossa sessão e disse à minha mulher, Jill, que nada acontecera. Guardei a fita numa gaveta da cozinha. Uma semana depois, quando voltei do escritório, Jill estava me esperando: ela tinha escutado a fita e me disse quem era o homem careca. Não pude acreditar! Eu devia ter sabido. Por favor, me perdoe.

– Tudo bem, não se preocupe com isso. Faz parte do processo de comunicação, que nem sempre é tão claro e preciso quanto esperamos que seja.

– James, tudo que você disse faz sentido. Quando vim morar na Califórnia, na década de 1960, consegui emprego com um cara careca e baixo que chamávamos de Big Al. Era isso o que o A queria dizer. – Sorri para ele, que obviamente estava muito animado. – Big Al era um canalha. Eu cuidava bem dele, e ele prometeu que cuidaria bem de mim também. Eu mentia por ele, acobertando-o quando a mulher dele telefonava. Al conheceu uma mulher chamada Betsy numa convenção em Las Vegas. Os dois tiveram um caso durante dois anos. Num Natal, ele estava tão ocupado com Betsy que esqueceu de comprar um presente para a filha. Eu saí e comprei uma bicicleta para ela. Igualzinha à que você descreveu, com a barra de direção curvada. Eu disse à garota que era presente do pai dela.

– Incrível! – exclamei.

– E o fecho ecler! Como é que pude não entender isso! Eu trabalhava na indústria de roupas. Tínhamos uma frase de propaganda: "Nossos fechos nunca enguiçam." Quando minha mulher disse o nome Big Al, tudo que você falou fez sentido. Acho que eu simplesmente não queria me lembrar. Nem dos nomes Wesley e Corvette. Wesley era um grande cliente de Chicago, e Al queria impressioná-lo. Ele sabia que Wesley era louco por Corvettes, e eu providenciei para esse senhor um modelo antigo raro desse carro, com todos os acessórios, para a empresa lhe dar de presente. Nós ganhamos a conta dele e Big Al recebeu todos os méritos por isso.

Continuei sentado, absorvendo as informações.

– Trabalhei para Al durante quinze anos. Ele me prometeu uma promoção para a sala do último andar, de onde se tinha uma bonita vista. Foi isso que me prometeu, por todo o meu empenho, mas ele mentiu. Promoveu um cara novo, chamado Steven, para o cargo que seria meu. Quando fui à sala dele reclamar, continuou sentado atrás da mesa, tirando baforadas do charuto, e me disse: "Acho que da próxima vez você vai ter de trabalhar melhor e mais depressa." Fiquei tão enfurecido que pedi demissão na hora.

– Essa história é inacreditável, David. Obrigado por partilhá-la comigo. Estou muito feliz porque tudo se encaixou para você.

Ele me interrompeu:

– Espere, isso não é tudo. Agora é que a coisa fica esquisita. No mês passado fui promovido por meu chefe, Paul Dorman. Ele me levou à minha nova sala, no último andar do edifício, com uma visão panorâmica da cidade, que é uma coisa que eu sempre quis. Quando comecei a procurar na minha mesa as chaves do arquivo, encontrei duas chaves num chaveiro de latão, com a forma de um canhão sobre duas rodas. – Fiquei admirado. – Ainda não acabei. Há uns dois dias, me reuni com meu chefe para discutir as contas de alguns clientes novos. Aproveitei para perguntar por que ele me contratou. Paul disse que tinha ficado impressionado com meu currículo e minha experiência, mas que havia outro candidato ao cargo. Ele estava hesitando entre nós dois quando recebeu um telefonema de um ex-empregador que garantiu que eu era o melhor do ramo. Perguntei o nome desse sujeito e ele me disse que não podia esquecê-lo: era Big Al!

A essa altura o rosto de David empalideceu e ele me olhou fixo, com os olhos arregalados:

– James, Big Al morreu faz cinco anos!

Os espíritos agem de maneira estranha, mas nada me surpreende mais. Acho que eles estão envolvidos em nossos assuntos do dia-a-dia e nos ajudam a crescer de modo que talvez nem saibamos. Eles também nos protegem do perigo e de influências destrutivas. A mensagem mais importante que aprendi como médium é que, em primeiro lugar e fundamentalmente, somos todos espíritos. Estando aqui na Terra em nossos corpos físicos ou movendo-nos rapidamente à velocidade de um pensamento nos reinos espirituais, estamos todos conectados.

Os espíritos podem oferecer os milagres da vida, mas precisamos estar abertos para recebê-los. É preciso fé para abrir a porta à intervenção divina, e coragem para desistir do controle, da separação e do isolamento. Sempre temos a liberdade de escolher como desejamos reagir ao que a vida nos apresenta. Desenvolver um coração generoso é certamente a melhor maneira de desapegar-se e deixar que Deus entre em nossa vida.

8 ESCOLHAS ESPIRITUAIS
Resolvendo Problemas do Dia-a-Dia através da Capacidade Mediúnica

Demonstrei, nos capítulos anteriores, que todos temos a capacidade de nos conectar a nossos recursos interiores. Podemos procurar o apoio de nossos guias espirituais, anjos e entes queridos do outro lado. É, portanto, natural que você agora queira utilizar sua percepção mediúnica periodicamente para resolver problemas cotidianos. Às vezes um método funciona melhor do que outro. Com prática e confiança suficientes, você encontrará a sua melhor maneira. Sei que a utilização correta de sua capacidade mediúnica será um auxílio para resolver qualquer problema. Desejo sinceramente que você consiga tomar as decisões do dia-a-dia usando o poder extra-sensorial que todos nós possuímos. Chamo a isso de "escolhas espirituais".

Tomar as decisões certas pode, às vezes, ser um processo doloroso. Quando agimos motivados apenas por estímulos externos, corremos um sério risco de ficarmos frustrados. São muitos os exemplos. Você compra um carro novo, pressionado pelo desejo de status. Depois, verifica que gastou o que não podia e entra em estresse. Ou aceita um emprego que nada tem a ver com você, só porque o salário é bom. Cria assim um desgaste desnecessário por causa de um trabalho insatisfatório. Muitos se casam devido a pressões externas: os pais querem netos, os amigos já se casaram, a família da namorada é rica e envolvente. O casamento é um fracasso: você descobre como é insuportável conviver no cotidiano com uma pessoa com quem não possui afinidade. Nessas escolhas, as decisões fazem você sofrer e também causam sofrimento a outras pessoas.

Mas quando a escolha é motivada por uma razão espiritual, ela leva em consideração os efeitos que seus atos podem ter sobre outras pessoas. Isso não quer dizer que as escolhas espirituais sejam feitas para agradar os outros. Uma escolha espiritual não é motivo para sacrificar suas necessidades por achar que as da outra pessoa são mais justificáveis. Abrir mão dos seus direitos e desejos para satisfazer os dos outros só cria ressentimento.

Acredito que quando fazemos o que é certo para nós, sem prejudicar ninguém, estamos sendo verdadeiros. E agir de acordo com a própria verdade é uma forma importante de ensinar os outros, mesmo que não estejam de acordo com nossa decisão. Se mentimos para nós mesmos, mentimos também para os outros. Se somos verdadeiros com nós mesmos, somos verdadeiros para o mundo.

A vida muitas vezes parece ser uma luta e nos faz perguntar por que estamos aqui. Se realmente existe Deus, por que Ele não é mais eficaz ao nos ajudar? Por que adoecemos? Por que nossos filhos sofrem doenças e até morrem? Por que pessoas más "se dão bem"? Creio profundamente que os desafios mais difíceis na vida são, na verdade, bênçãos disfarçadas. Eles nos oferecem a oportunidade de nos conhecermos melhor, de encontrarmos as forças que existem em nós, de crescermos como pessoas e descobrir nossa própria luz. Fazer escolhas espirituais nos torna melhores como seres humanos e garante, no correr da vida, a paz e a felicidade que buscamos essencialmente.

Encontrei Deus

Há alguns anos, compareci a uma festa em favor da organização ambiental Greenpeace. Talvez seja meio difícil de acreditar, mas sou basicamente muito tímido. Por isso, passei a maior parte da noite afastado, observando as pessoas se confraternizando no salão. Em determinado momento, ao estender a mão para pegar um pastel, esbarrei na mão de outra pessoa. Olhei e reconheci um rosto:

– Marky! – exclamei, surpreso.

Mark parecia mais sereno e maduro do que da última vez em que eu o encontrara, havia oito anos. Admirei-me ao vê-lo naquele tipo de evento, pois ele nunca me pareceu muito preocupado com o meio ambiente.

Originalmente, conheci Mark como cliente. Ele veio indicado por uma pessoa que esperava que eu o pudesse ajudar a resolver conflitos anteriores com sua mãe, se tivesse oportunidade de contatá-la em espírito. A mãe de Mark apareceu, mas, na época, ele não conseguiu perdoá-la.

A infância de Mark tinha sido difícil. O irmão foi morto a sangue-frio na sua frente. O pai era alcoólatra, e a mãe, uma inveterada viciada em drogas. Ele foi jogado de um lar adotivo para outro e nunca soube realmente o que significava fazer parte de uma família. Quando chegou ao ensino médio, não suportou mais ser intimidado nem ouvir os comentários sarcásticos dos colegas insensíveis, por isso saiu do colégio. Mudou-se para a casa dos tios, onde sofreu abusos sexuais. Mark fugiu desse ambiente e passou a dividir um pequeno apartamento com um amigo. Da última vez que o vira, ele trabalhava numa locadora de vídeos.

Naquela noite, pegamos um prato de pastéis e fomos conversar na varanda. Agora me lembro que, quando ouvi sua história, pensei: – Espero poder um dia dividir essa história com o resto do mundo.

Mark começou a contar:

– Fui despedido da locadora de vídeos, acusado de ter roubado dinheiro dos depósitos noturnos, o que não era verdade. Quando perdi o emprego, fiquei sem dinheiro e não podia pagar o aluguel. Comecei a ir para o fundo do poço e, como minha mãe, entrei para o mundo das drogas. Fiquei tão dependente de *crack*, que me admiro de estar aqui hoje conversando com você.

– Como conseguiu se livrar do vício? – perguntei.

Mark olhou para o prato, para mim e disse:

– Para falar a verdade, eu descobri Deus...

Fiquei com receio de que ele começasse uma pregação para cima de mim. Mas Mark interrompeu meus pensamentos, acrescentando:

"...dentro de mim". Não entendi direito, até ele começar a explicar:

– Eu estava literalmente deitado na calçada, olhando um cartaz de um filme de Tom Hanks, e me lembro de ter pensado: esse cara não é ninguém especial, é só um sujeito que fez um filme. Que é que tem de tão diferente entre mim e ele? Eu posso fazer isso! Posso fazer com que todo mundo me tome como exemplo e saiba quem eu sou. Estava pensando nisso quando um carro atingiu meu pé. Uma mulher saltou dele, muito perturbada. Eu não queria nada, mas ela conseguiu me levar a um hospital.

Não pude deixar de observar:

– Que gesto bonito.

Mark continuou:

– Ela era um anjo enviado por Deus. Quando eu estava no hospital, trataram de me desintoxicar das drogas. Tive muito tempo para refletir, ajudado por outro anjo, que era a psicóloga que conversava comigo. Concluí que não queria continuar naquela vida, mas achei que me faltavam forças para isso. Resolvi então colocar minha vida nas mãos de Deus, ou seja lá como você o queira chamar, deixando que ele fizesse o trabalho de que eu me sentia incapaz. Percebi que queria assumir a responsabilidade por ter estragado minha vida. E queria me responsabilizar pelo futuro, sabendo que precisava de apoio para fazer as coisas mudarem.

Eu não conseguia acreditar que esse era o mesmo sujeito que eu conhecera havia oito anos.

– Foi essa mulher que me atropelou quem me ajudou a acreditar em mim novamente. Ela veio me visitar muitas vezes, querendo me ajudar, mostrando que eu era importante para ela. Ela disse que podia ver luz nos meus olhos, e me apresentou a Roger, um amigo dela, dono de uma empresa que vendia vidro. Comecei a trabalhar para ele e acabei tendo a idéia de gravar desenhos coloridos nos objetos de vidro. Esse foi o começo. Roger me deixa criar as peças e vendê-las. Hoje, meus desenhos estão no mundo inteiro.

– Que história incrível! – comentei. – E o que aconteceu com essa mulher?

– Mark apontou para uma linda loura, visivelmente grávida:

– Ela está bem ali. E estamos esperando nosso primeiro bebê para junho. Sabemos que é uma menina.

Sorri: a história de Mark me encheu a alma de calor e alegria. Era realmente algo a celebrar: uma vida estava para nascer, enquanto outra teve uma segunda oportunidade. Fomos ao encontro de sua generosa mulher, e eu abracei os dois, dando os parabéns!

Esse era um jovem que enfrentara muitos obstáculos na vida, mas com percepção, força interior e determinação foi capaz de realizar mais do que se poderia esperar. Sua caminhada é simplesmente um milagre e uma confirmação do poder da escolha. Hoje, quando vejo as lindas tigelas e pratos de vidro de Mark nas lojas, não posso deixar de achar que a vida é boa.

Responsabilidade

Na maior parte do tempo, as pessoas se deixam levar passivamente pela vida, em vez de assumir posição de comando e escolher a vida que querem ter. Como Mark, todos nós possuímos livre-arbítrio. Ele poderia ter continuado na sarjeta, mas escolheu sair dela. É claro que teve uma ajuda preciosa, mas poderia ter desprezado essa oportunidade. As pessoas se esquecem de que a escolha é sempre delas, mesmo nas circunstâncias mais difíceis.

Com a escolha vem a responsabilidade. Para muitos, responsabilidade é um tema desafiante. Muitas vezes é mais fácil colocar-se na posição de vítima do mundo e querer inspirar pena nos outros. Em vez de assumir responsabilidade por si, responsabilizamos – ou mesmo culpamos – os outros pelo que somos. Pais, professores e a sociedade são facilmente apontados como réus, e com isso nos eximimos da nossa responsabilidade e permanecemos paralisados, sem possibilidade de mudança. Se não assumimos responsabilidade por nossos atos e por nós mesmos, ficamos num beco sem saída.

Por outro lado, existem pessoas que, por terem uma visão distorcida, se acham responsáveis pelo sucesso na vida dos outros. Concentrando-se demais naqueles que as cercam, elas deixam de assumir responsabilidade por suas próprias vidas. As mulheres, historicamente, têm sido condicionadas a se tornar as vítimas das necessidades de outras pessoas. *Como posso fazer o que quero? Tenho de cuidar de minha mãe idosa, do meu marido e de meus filhos.* É difícil romper a formação que recebemos, mas é possível. Tenho tido a felicidade de presenciar repetidas vezes os milagres dessa libertação.

Quando culpamos os outros por nossos infortúnios, perdemos controle sobre nossas vidas, como se disséssemos: "Não sou eu que mando em mim. É você." Somos vítimas quando permitimos que isso aconteça. A disposição em ser auto-responsável é um grande passo para se obter uma vida equilibrada espiritualmente.

Mesmo que pareça inacreditável e absurdo, não hesito em afirmar: nada ocorre conosco sem nossa permissão. As pessoas reagem a essa minha afirmação: "Eu não dei permissão para ter câncer." Mas, em algum nível de consciência, isso acontece. Vou explicar, para que ninguém se sinta culpado por uma enfermidade que lhe ameace a vida.

Lembre-se, a evolução da alma é a razão pela qual estamos aqui. Nossas doenças, perdas ou sofrimentos fazem parte do crescimento de nossa alma. Somos compostos pela soma total de encarnações passadas. A disposição de curar e aprender e as tarefas a serem completadas em cada vida fazem parte de sua formação como pessoa, assim como as decisões e obrigações cármicas são parte do processo. Se está no seu contrato cármico completar nesta vida um relacionamento que não foi concluído numa vida anterior, não é possível você evitar isso, mesmo que tente.

Doenças, a perda de alguém querido, qualquer acontecimento que nos faça sofrer podem ser formas de aprender humildade, renúncia e fé. Repito: são oportunidades de crescimento que você pode aproveitar ou não. Aí entra a sua responsabilidade. Sua doença pode ser um modo de ajudar outras pessoas a aprender a amar mais, a se dedicar melhor. Sua dor pode ensinar você a lutar por seus direitos. Sua perda pode ajudar outras pessoas a não ter de passar pelo mesmo tipo de tragédia. Somos seres multidimensionais de luz. O propósito de nossa existência ultrapassa os resultados físicos e mensuráveis. Basicamente, todos nós nascemos para aprender a amar – não romanticamente, mas incondicionalmente. Se nos colocarmos nessa perspectiva, nossa felicidade deixará de depender dos resultados imediatos valorizados pela cultura em que vivemos e passará a ser construída pelo nosso crescimento como pessoas espirituais.

Geralmente as escolhas mais difíceis envolvem o sofrimento de alguém. Abandonar um relacionamento que nos prejudica, demitir um funcionário incompetente e dizer uma verdade desagradável, mas necessária, a um amigo são escolhas que podem causar um mal-estar imediato. Entretanto, a longo prazo, essa escolha pode ser uma grande força libertadora para a pessoa que sofreu suas conseqüências. Sua decisão pode estimular alguém a reexaminar a própria vida ou ajudar uma pessoa a compreender os padrões viciados de comportamento que a levam a ser permanentemente rejeitada. Sua escolha de abandonar alguém pode representar para essa pessoa uma oportunidade verdadeira de cura e mudança. Muitas vezes sofre-se muito para colocar em ação um processo capaz de promover uma transformação essencial.

A orientação de minha avó

Estou sempre em contato com meus guias espirituais, por causa do trabalho que faço. Aprendi a confiar na orientação e no apoio deles e gostaria de transmitir essa convicção a você.

Um rapaz chamado Tony se apresentou para ter uma sessão comigo. Ao final, conversamos e ele me disse estar vacilante quanto a uma decisão importante:

– Me ofereceram um emprego numa outra empresa. Se eu aceitar, vou ter que me mudar para a costa leste. Não sei se isso vai ser bom para mim. Comentei com alguns amigos e todos me aconselharam a ficar onde estou. Acho que eles pensam que vou me sentir sozinho sem eles e minha família. E pode ser que estejam certos.

– O que você acha?

– Não sei direito. Acho que é uma grande oportunidade profissional e financeira – hesitou.

– É difícil ficar dividido entre sua razão e suas emoções.

– É, é bastante confuso. Eu simplesmente não quero tomar a decisão errada. Fiz esta sessão para saber a resposta.

Eu disse simplesmente:

– Talvez você já saiba.

Tony ficou atônito:

– Como assim?

Respondi bem devagar:

– Você penetrou no mundo espiritual. Você sabe que existe mais do que apenas a existência física. Confie nos espíritos e deixe que sua mente e suas emoções fiquem fora dessa decisão.

Eu lhe entreguei a fita da sessão e recomendei que fosse para casa e meditasse:

– Vá fundo dentro de si e converse com os espíritos dos seus seres queridos. Peça-lhes que o orientem na sua decisão e depois me informe o que acontecer.

Uma semana depois, Tony telefonou para me relatar o que houve:

– Eu sentei no meu quarto, acendi uma vela e rezei. Pedi ajuda para tomar a decisão certa, como você me disse. Depois de algum tempo, senti um calor dentro do corpo e uma tranqüilidade total. Pude ouvir a voz de minha avó. Primeiro pensei que era imaginação, mas aí ouvi ela dizer o que costumava me repetir o tempo todo: “Desligue essa TV e vá pegar um pouco de ar fresco lá fora.” Deduzi que ela estava me dizendo para parar de dar ouvidos aos outros e aceitar o emprego, pois eu iria morar num lugar que me forçaria a ficar ao ar livre, mais em contato com a natureza.

– Quer dizer então que você vai mesmo se mudar – comentei.

Ele sorriu:

– Tem mais. O que me fez decidir mesmo foi que, ao sair do

quarto, na tela da TV ligada no escritório estava uma imagem da cidade para onde eu deveria me mudar. Achei que era uma confirmação de que eu tinha tomado a decisão certa.

Podemos pedir a nossos anjos da guarda, arcanjos, guias espirituais e ancestrais que nos ajudem. Existem muitas maneiras pelas quais eles nos dão sinais: nós só precisamos aquietar nossas mentes e nossos egos, abrir nossos corações, e prestar atenção.

Um salto de fé

Eileen é uma amiga que, há vários anos, teve a oportunidade de abrir o próprio negócio. Nas palavras dela: "O sonho da minha vida era ser minha própria chefe." Ansiosa para meter mãos à obra, ela começou a procurar um local para o escritório e encontrou um espaço que julgou perfeito. Marcou então uma hora com o corretor para negociar os termos do aluguel.

– Eu me sentia muito feliz e confiante, porque estava dando o primeiro passo para abrir meu negócio – disse ela. Contudo, à medida que se aproximava o dia da reunião, Eileen começou a se sentir pouco à vontade: – Achei que talvez o local fosse muito caro. Tive um forte impulso de adiar a reunião, mas também tive medo de perder o local ideal. Fiquei muito dividida, achando que era puro nervosismo, mas, como eu queria ir à reunião sentindo-me segura, resolvi confiar na minha intuição e adiei o encontro. No entanto, o medo de perder aquele espaço era tão intenso que eu não parava de pensar nisso. Pois imagine que, três dias depois, o corretor telefonou dizendo que o proprietário tinha baixado o preço, temendo que eu estivesse procurando aluguéis mais baixos.

Eileen ficou eufórica e alugou a área. Ela aprendeu a prestar atenção em suas intuições e respeitá-las. Pôde assim começar seu novo negócio em melhores condições.

Quando a pessoa acredita em si mesma, como minha amiga Eileen, tem fé e confiança em sua ligação com a verdade. Se você teme o resultado, a energia necessária para materializar sua vontade não pode fluir livremente. Não existe espaço para o medo na tomada espiritual de decisões. Basicamente, você deve confiar que não há decisão errada. Toda decisão conduz ao seu crescimento como pessoa e no seu nível de consciência. Pode ser um processo desafiante, mas fica cada vez mais fácil, à medida que você pratica.

Os tesouros interiores

Quando nos encontramos em situações terríveis, nos perguntamos se teremos força e coragem para enfrentá-las. Eu chamo essa força e essa coragem de "o que há de divino dentro de nós". O caso seguinte exemplifica as enormes dificuldades que certa mulher teve de superar para tomar consciência de seu verdadeiro potencial.

Eu estava em Chicago dando uma palestra para uma multidão de seiscentas pessoas. Um espírito que se autodenominou Hal me impressionou com seus pensamentos. Era um homem meigo e parecia um professor.

Hal me fez ir até uma mulher que estava de pé contra uma parede, no fundo da sala. Eu não sabia se essa mulher era funcionária do hotel ou uma das participantes. Mas o espírito de Hal realmente queria fazer conexão com ela.

Apontei para a mulher e disse:

– Quero ir até você. Aqui está um homem chamado Hal. Ele quer fazer contato com você.

– Tudo bem. Hal era meu melhor amigo.

– Não sei por que ele está me mostrando isso, mas estou vendo dois personagens de história infantil, Hansel e Gretel. Você sabe o que isso quer dizer?

– Bem, meu nome é Greta.

Transmiti a mensagem de Hal:

– Ele fala como um professor e quer ter certeza de que tudo o que diz é compreendido perfeitamente.

Greta informou que seu amigo tinha sido professor de arte da Northwestern University e acrescentou:

– Ele sempre foi muito articulado para falar.

Ouvi o que Hal dizia:

– Greta, esse homem está mencionando um Richie ou Richard e me diz que você não deve mais nada a ele. Greta baixou os olhos e ficou calada. Obviamente, ele atingira um ponto sensível da moça. Ela não queria discutir o assunto, mas Hal insistiu:

– Ele diz que tentou avisá-la contra esse tal de Richie. Ele também está dizendo o nome Saint Luke. Você entende isso? – A mulher simplesmente assentiu com a cabeça, sem falar nada.

Às vezes, num auditório, acho melhor falar em particular com a pessoa durante o intervalo ou no final da sessão, para poder ajudá-la. Por isso, agradeci a Greta, e no intervalo a procurei para marcarmos um encontro em que pudéssemos continuar a discutir a mensagem de Hal. Um dos meus guias me informou que esse encontro seria muito difícil, mas necessário.

Dois dias depois, Greta estava sentada à minha frente no meu quarto de hotel. Fechamos os olhos e fiz minha prece de abertura. Quase imediatamente captei vários espíritos ao redor dela:

– Um homem está de pé à sua esquerda. Ele tem uma figura paternal, é muito alto, e fuma um cigarro. Teve problemas de fala antes de morrer e aponta para a garganta. O falecimento dele teve algo a ver com a garganta?

– Sim, ele morreu de câncer na garganta.

– Uma mulher está ao lado desse homem. Parece que é a mãe dele, se chama Nell, e está me mostrando um milharal e uma fazenda.

– É isso mesmo. Minha avó vivia numa fazenda em Iowa. Eu não cheguei a conhecê-la – concordou Greta.

– Tudo bem. Ela só quer ser reconhecida, e informa que está com seu pai. Do seu lado direito, Greta, está outra mulher. Estranho! Ela diz que não quer assustar você. Parece que o nome dela tem um Ca ou Ke. Sinto que ela não quer estar aqui, porque sua energia é muito débil. Ela é casada com seu pai, porque os dois estão me mostrando uma aliança – disse.

Percebi que Greta não queria falar sobre o assunto, mas era preciso.

– Essa é minha mãe. Pode continuar.

– Essa mulher estava muito doente antes de desencarnar. Uma enfermeira ficava com ela?

Greta baixou os olhos, constrangida. Hesitou, mas finalmente respondeu:

– Eu é que tomava conta dela. Pelo menos, tentei. Ela era difícil. Era muito gorda, e o trabalho, duro. Eu não queria... – Greta estava arrasada e sua voz vacilou: – Eu não queria que ela ficasse sozinha. Fui só até a loja comprar umas coisas.

Ela começou a chorar. Eu a consolei com o que me estava sendo transmitido:

– Sua mãe está bem agora. Ela disse que você não foi culpada pela morte dela e que deve esquecer isso tudo. Não se culpe. Ela vai ajudar você, assim como você a ajudou.

Greta chorava tanto que precisei parar a sessão até ela se acalmar. O espírito que aparecera na demonstração pública se uniu a nós.

– Hal está aqui de novo e me conta que levava você aos museus de arte em Nova York.

O rosto de Greta se abriu num sorriso:

– Levava mesmo. Eu o amo, Hal. Obrigada.

Hal continuou a falar da amizade dos dois e das experiências que partilharam. Greta me perguntou:

– Posso fazer uma pergunta a Hal?

Concordei imediatamente. Ela olhou por cima de minha cabeça e praticamente gritou:

– Me ajude, Hal! Por favor, me ajude! Não sei o que fazer. Não agüento mais!

Fiquei perplexo. Não esperava que ela reagisse tão veementemente. Fiquei sentado alguns minutos, tentando ouvir a resposta de Hal, que me deixou estupefato:

– Ele está dizendo para você ir adiante, *ir adiante*, e que já lhe falou isso antes. Você não lhe dá ouvidos e ele duvida que você vá escutá-lo desta vez.

Vi o tormento no rosto de Greta. Desejei poder ajudá-la a se localizar, mas ela precisava fazer isso sozinha. Hal continuava lhe dizendo que fosse adiante, e foi isso o que ele repetiu o resto da sessão.

Fiquei muito triste por Greta. Eu sabia que ela devia estar buscando uma resposta e, como a maioria das pessoas, esperava que os espíritos movimentassem uma varinha de condão acima dela e resolvessem todos os seus problemas. Só que isso não acontece. Além disso, seria prejudicial para seu crescimento espiritual *não* assumir responsabilidade por suas escolhas.

Mais de uma vez, Hal citou o Hospital Saint Luke, que ele também mencionara na demonstração pública dias antes. Greta reconheceu a referência. Eu sabia que essa sessão era difícil para ela, mas também entendia que provavelmente se tratava de um marco importante na sua vida. Segui em frente:

– Seu pai está mandando você se afastar de Rich. Você precisa de paz.

Ela se encolheu:

– Não é fácil. Não sei o que fazer. Eu me sinto encurralada. Papai pode me ajudar?

Ouvi o que dizia o pai:

– Seu pai está dizendo que você mesma precisa fazer isso. Ele vai ajudá-la se você se ajudar.

Greta refletiu sobre essas palavras.

– Ele está falando sobre seu aniversário de cinco anos e sobre um carrossel.

Ela balançou a cabeça:

– Não estou entendendo.

Insisti:

– Está me mostrando uma caixa de fotografias numa gaveta do quarto. Procure essa caixa. Nela está guardada uma foto com um carrossel. Quando você vir a foto, vai entender.

Mas Greta duvidava:

– Não consigo me lembrar dessa foto.

Quando terminou a sessão, eu disse a Greta que escutasse a fita alguns dias depois, quando "talvez certas coisas farão mais sentido". Disse-lhe também para procurar a fotografia citada por seu pai. Ela concordou e me disse que me informaria o que acontecesse.

Só tive notícias de Greta três anos depois. Eu estava no meu escritório examinando a correspondência quando uma carta caiu no chão. Eu a peguei e abri. Era de Greta e dizia:

"Prezado Sr. Van Praagh:

Eu o conheci faz três anos, num seminário em Chicago. Você fez meu amigo Hal aparecer e depois se encontrou comigo particularmente numa sessão. Tive vontade de escrever-lhe para lhe agradecer muitíssimo por ter ajudado a mudar minha vida. Você fez minha família ter contato comigo e eles me ajudaram a entender quem eu sou.

Há pouco tempo, encontrei a fita de nossa sessão e a ouvi de novo. Fiquei surpresa pela quantidade de informações que hoje fazem sentido para mim. Lamento muito que naquela ocasião eu não tenha conseguido dizer nada, mas eu estava muito constrangida. Por isso senti necessidade de escrever esta carta.

Em primeiro lugar, naquela época eu estava casada há mais de quinze anos com um alcoólatra e viciado em drogas. Ele era violento e batia em mim. Acabei aceitando esse tratamento porque achava que ele me mataria se eu tentasse ir embora. Minha auto-estima era muito baixa para que eu fizesse alguma coisa para resolver aquilo.

Você talvez se lembre que Hal, meu melhor amigo, citou o Hospital St. Luke várias vezes. Ele costumava ir me buscar no setor de emergência depois de uma de minhas brigas com Richard e me levava para casa. Ele era meu guru, mas nunca lhe dei ouvidos quando ele me implorava para deixar Richard.

Na fita, minha mãe, Kaeri, diz que não fui culpada por sua

morte. Bem, Sr. Van Praagh, durante anos eu me culpei pela morte dela. No único dia em que fui à loja e a deixei sozinha, ela caiu da cama, bateu com a cabeça e morreu. Achei que, se eu estivesse lá, isso não teria acontecido.

Bem, um ano depois de ter estado com você, tive um sonho lindo, onde apareciam minha mãe, meu pai e Hal. Eu era uma criança pequena e eles cantavam 'Parabéns' para mim. Eu me lembro que todos me diziam para pensar num desejo e soprar as velinhas. Meu desejo era ser enfermeira e ajudar as pessoas.

O sonho foi muito real e me fez compreender que eu não estava vivendo a vida que queria. Enquanto meu marido se encontrava no trabalho, embalei minhas coisas numa mala e fui embora, para a casa de uma amiga. A última coisa que embalei foi a caixa de fotos que você mencionou na sessão. Quando joguei tudo numa sacola, uma das fotos caiu. Eu olhei para ela e fiquei perplexa: era uma fotografia minha, aos cinco anos. Eu usava o presente que meus pais me deram. Estou anexando a foto para que você a veja.

Faz um ano que me divorciei. Moro num apartamento próprio de um só quarto e estou concluindo meu curso de enfermagem na semana que vem. Finalmente, após trinta e cinco anos, acho que encontrei minha verdadeira vocação e me sinto livre para ser eu mesma. Não sei o que lhe dizer. 'Obrigada' não é o bastante por me haver devolvido a vida. Acho que essa vida que eu desejo esteve sempre adormecida dentro de mim, mas finalmente eu a descobri!

Com afeto,
Greta Straub

P. S. Meu ex-marido começou a freqüentar os Alcoólicos Anônimos. Já faz oito meses que ele parou de beber."

Acompanhando a carta estava a foto de uma menininha num uniforme de enfermeira, de pé, em frente a um carrossel.

Este é um exemplo maravilhoso de uma escolha difícil que fortalece e faz crescer. Ele nos lembra que devemos deixar de viver segundo as expectativas dos outros e seguir nossas próprias verdades.

Faça-o por amor

Quando tomamos decisões motivadas por nossos egos, elas costumam nos levar por caminhos errados. Especialmente nesta sociedade que nos inunda com imagens de gente bem-sucedida, talentosa e rica. Vemos as circunstâncias exteriores da vida de alguém e pensamos: "Quero ser assim também." Não há nada de errado em deixar-se estimular pelo sucesso de outras pessoas. Mas é fundamental sabermos que, quando agimos, deve ser por amor e não motivados pelo ego.

Esse era exatamente o problema de um cliente que me procurou para uma sessão. Peter apareceu à minha porta vestindo uma camisa de grife e calças pretas feitas sob medida. Ele parecia ter saído de uma revista de moda masculina. Eu perguntei:

– Você é modelo?

Ele sorriu lisonjeado:

– Não, mas as pessoas sempre pensam que sou.

Comecei a sessão:

– Vejo uma mulher de cabelos compridos e negros atrás de você. Ela segura com uma das mãos um bastão, que bate contra a palma da outra mão. Isso faz sentido para você?

Peter respondeu imediatamente:

– Certamente.

Passei a mensagem:

– Ela está me mostrando uma sala espelhada, que parece o vestíbulo de um teatro. Vejo agora criancinhas enfileiradas perto de um bar. É uma sala onde as crianças aprendem a dançar.

Ele a identificou:

– É isso mesmo, ela é minha antiga professora de dança quando criança. – Peter me contou em seguida que era dançarino.

– Essa mulher me transmite as letras PIA. Você entende?

– O nome dela é Sophia.

– Ela está me mostrando uma foto de um rapaz dançando sem parar. Ele vai de um lugar a outro.

Mais uma vez ele esclareceu:

– Faz sentido. Eu tenho feito muitos testes de dança. Meu objetivo é ser um famoso bailarino.

– Esse espírito está balançando o bastão energicamente e fala num tom muito rigoroso. Está dizendo com veemência que você deve esquecer o dinheiro e a fama. – Virei a cabeça para o lado. O espírito gritava tanto no meu ouvido que pedi que falasse mais baixo.

A sessão prosseguiu por mais meia hora. O espírito repreendeu Peter a maior parte do tempo. Tive dificuldade em manter esse tipo de energia. Quando terminamos a sessão, perguntei:

– Por que ela estava tão aborrecida com você?

Peter refletiu:

– Acho que ela não está satisfeita com meu desempenho e não posso culpá-la. Tenho estado tão preocupado em me tornar um bailarino famoso que passo mais tempo adulando as pessoas "certas" do que ensaiando.

– Talvez seja bom você repensar seu objetivo de se tornar famoso como bailarino. Talvez você deva se concentrar em ser o melhor dançarino que puder ser – aconselhei.

Peter suspirou:

– Nos últimos tempos, meus testes têm sido péssimos e sou constantemente reprovado. Sophia era fanática pela forma, e a minha está horrível. Eu ando muito tenso e demonstro isso. Sinto falta da alegria e da felicidade que costumava experimentar quando dançava.

– A fama não é boa motivadora – afirmei. – Na verdade, ela inibe o sucesso.

Parecendo indefeso e frustrado, Peter disse:

– Não sei se vou conseguir reaver a paixão que já senti.

Então, recomendei:

– Comece vivendo o momento atual. Tenho certeza de que

Sophia vai orientar você. Ela o acha talentoso. Usufrua sua dança. Acho que você ficou excessivamente obcecado pela idéia de ser famoso. Quando você se desapegar dessa idéia, sua energia vai mudar e seu amor pela dança voltará.

Quando temos um desejo ou um objetivo, como Peter, não devemos nos concentrar expressamente nele e no medo de não o alcançarmos. Quando fazemos isso, estamos tentando controlar o resultado de uma situação, em vez de dar ao espírito a oportunidade de se envolver. A energia necessária para realizar nossos desejos não pode fluir livremente se ficarmos obcecados com os resultados materiais determinados por nós. Sempre que pedir alguma coisa, tenha em mente um bem maior. Depois, desapegue-se e deixe Deus fazer Sua parte.

Deixe sua luz brilhar

Para tomar decisões acertadas, você precisa primeiro se conhecer. A maioria das pessoas com quem tenho lidado tem uma visão muito limitada delas mesmas. As pessoas acham muito mais fácil se criticar, apontando as próprias falhas e pontos negativos, do que se alegrar com os dons que receberam. Se ficarmos presos às nossas perdas pessoais, se nos enchermos de preocupações e temores, não existirá espaço para a luz penetrar. Se nos mantivermos intolerantes e ansiosos para criticar, também não haverá espaço para a luz penetrar. Mas, se utilizarmos nossa percepção mediúnica, seremos capazes de fazer as melhores escolhas, baseadas num processo interno, não em críticas externas.

Lembre-se também de que a escolha é uma rua de mão dupla. Devemos reconhecer que as outras pessoas têm também o direito de fazer suas escolhas, mesmo que não concordemos com elas. Você pode argumentar e questionar, para ajudar o outro a refletir. Nunca impor. Respeitar a decisão de outra pessoa, sem julgá-la ou condená-la, é demonstrar amor incondicional. A aceitação faz com que os outros sejam eles mesmos e sigam suas verdades, até para poderem aprender com os erros. Nunca sabemos totalmente o que é importante para o crescimento espiritual de outra pessoa.

Uma das formas de pedir ajuda é solicitando um sinal. Os sinais dos espíritos estão ao nosso redor, basta ficarmos atentos. Costumo dizer aos meus espíritos-guia: "Dêem-me um sinal de que esta é a melhor decisão, ou de que estou no caminho certo." Se encontro resistência constante, obstáculos e atrasos quando estou desenvolvendo um determinado projeto ou precisando tomar uma decisão, concluo que é um sinal dos espíritos de que estou indo na direção errada. Minha amiga Dorothea, que é uma médium muito bem-dotada, sempre diz: "Às vezes o melhor presente é não conseguirmos o que queremos."

Outra maneira de tomar decisões saudáveis é analisar as conseqüências de todas as possibilidades. Visualizem os diferentes cenários e fiquem atentos às sensações que cada um provoca. Alegria é um excelente sinal para saber que tomamos a decisão correta.

Quando agimos com compaixão, paz e dignidade em tudo que fazemos, expressamos um espírito iluminado. O espírito está sempre buscando expressar-se por meio de nossas atividades, idéias e contribuições. Ele nos inspira a trabalhar em nosso maior nível de competência, generosidade e dedicação. Procure expressar sua força, capacidade, disposição e coragem em tudo o que você faz, mesmo nas pequenas coisas, e a luz do espírito vai brilhar através de você.

9 TÉCNICAS DE DESENVOLVIMENTO
Preparando-se para Fazer a Conexão Mediúnica

Todos nós temos a tendência de nos apegar a experiências passadas, julgando-as e criticando-as. Isso dificulta o desenvolvimento de nossa alma. Ao treinar a mente para viver no presente, permitimos que novas oportunidades surjam em nossas vidas. As técnicas que vou expor neste capítulo terão maior êxito se você as seguir com a mente aberta. Dessa forma, você começará a ver a vida de modo muito diferente. Lembre-se disso quando começar cada um dos exercícios, que podem ser feitos isoladamente ou com parceiros.

Realize esses exercícios com a freqüência que desejar. Talvez você queira limpar sua aura diariamente e fazer outros exercícios uma ou duas vezes por semana, ou quando houver necessidade. A escrita automática e as recordações de sonhos devem ser feitas periodicamente, se você quiser progredir nos resultados. Participar de um círculo de desenvolvimento é um passo em direção a estudo mais sério. Basicamente, qualquer uma dessas práticas e todas elas são necessárias, se você quiser sinceramente desenvolver sua percepção mediúnica.

Trabalho básico preliminar

Qualquer coisa que tentamos fazer, seja consertar alguma coisa em casa, pintar um quadro ou viajar, requer preparo. O mesmo se aplica às técnicas de desenvolvimento intuitivo. Portanto, é importante que você se prepare adequadamente. Reserve pelo menos de cinco a dez minutos para o *trabalho básico preliminar* que vou descrever, antes de começar esses exercícios. Se não o fizer, não alcançará os resultados desejados.

Sente-se numa posição confortável, assegurando-se que sua coluna está reta. Se você largar o corpo, a energia não pode se movimentar facilmente para cima e para baixo. Imagine um fio preso ao topo da cabeça, puxando para cima. Feche os olhos e respire profundamente várias vezes. Quando fizer isso, visualize em cada inspiração o ar entrando no corpo como uma nuvem de luz dourada. Essa luz toca e preenche todas as suas células, seus órgãos e músculos. A cada inspiração há uma sensação de revigoramento. Ao expirar, imagine uma névoa cinzenta saindo do corpo. Essa névoa representa qualquer excesso de energia negativa, ansiedade, medo, nervosismo ou apreensão que você possa ter.

Em seguida, imagine e visualize que está olhando para fora do seu corpo a partir do meio da testa. Este é o centro do seu terceiro olho.

Por último, visualize três cordões. Um está amarrado à base de sua coluna e os outros dois estão ligados a cada um dos seus tornozelos. Veja esses cordões mergulhando no chão e indo direto para o centro da Terra. Imagine três grandes pedras no centro da Terra e amarre um cordão a cada pedra. Concentre-se em enviar qualquer energia excessiva através dos cordões para o centro da Terra. Ao mesmo tempo, visualize a energia da Mãe-Terra subindo pelos cordões, curando e prendendo você firmemente na Terra. Agora você está firme na Terra, com seu corpo centralizado adequadamente para começar o trabalho. Lembre-se de ser paciente, confiante e alegre neste processo.

Desenvolvendo os cinco sentidos

O objetivo desses próximos exercícios é aumentar sua percepção para o mundo ao seu redor. À medida que aguçar seus cinco sentidos, você vai fortalecê-los, assim como os sentidos astrais correspondentes. Lembre-se de começar sempre pelo *trabalho básico preliminar.* Anote num caderno as suas percepções.

VISÃO

Este exercício vai ajudar a expandir sua visão.

Escolha uma grande flor e coloque-a numa jarra no centro da mesa. Feche os olhos e respire fundo várias vezes. Abra os olhos e observe tudo sobre a flor, como se você a estivesse olhando com uma lupa. Quando olhar para a flor, tente imaginar que você pode ver através dela. Veja tudo o que puder dessa flor. Observe sua forma e cor. Ela é mais clara ou mais escura em algumas áreas do que em outras? Observe o máximo que puder e descreva o que vê. Anote as características da flor.

Quando terminar, feche os olhos de novo e respire fundo algumas vezes para voltar ao seu centro. Abra os olhos e olhe para a flor, mas dessa vez querendo ver a personalidade dela, além da superfície. Compreenda que ela é um ser vivo. Que características você consegue enxergar na flor? Ela lhe lembra alguém ou alguma coisa? Ela lhe causa alguma emoção?

Mais uma vez, anote no seu bloco tudo que você percebeu nessa segunda vez e compare as duas listas, sem julgar nem criticar o que viu ou não viu. Apenas desfrute a experiência.

AUDIÇÃO

Coloque numa mesa vários objetos da mesma substância, tais como uma colher de pau e um pedaço de madeira, e uma colher de metal e um pedaço de metal. Este exercício ajudará você a discernir as variações entre sons parecidos, mas diferentes.

Para aumentar sua percepção de um sentido em relação ao outro, às vezes é melhor vedar um ou mais dos outros sentidos. Por isso, quando fizer o exercício para aguçar a audição, coloque uma venda nos olhos e sente-se imóvel durante alguns segundos. Ouça os sons do cômodo.

Em seguida, pegue a colher de pau e dê uma leve pancadinha na mesa. Pegue o pedaço de pau e faça o mesmo. Registre em sua mente as sutilezas do som de cada um desses objetos. Você consegue notar a diferença entre os vários sons? Agora tente a mesma coisa com a colher de metal e o pedaço de metal. Dê algumas batidinhas com os dois e observe as diferenças.

Quando terminar, permaneça com os olhos vendados por mais dez minutos e concentre-se em algum som banal que ouvir dentro ou fora de casa. Perceba bem os sons mais altos e os mais baixos. Você pode fazer este exercício onde estiver: basta fechar os olhos e escutar. Veja como sua audição ficou muito mais sensível.

TATO

Coloque vários objetos de texturas diferentes à sua frente, tais como um casaco, uma esponja e uma pedra. Novamente, coloque uma venda nos olhos. Para este exercício, você pode também usar protetores de ouvidos para concentrar-se apenas no tato.

Comece tocando cada objeto com os dedos e as mãos. Como é a superfície deles? Eles lhe provocam alguma idéia ou emoção? Como descreveria o que está sentindo? Quais são as diferenças entre eles? Escreva suas observações no seu bloco de papel.

Depois, saia e passeie pelo jardim ou num parque perto de sua casa. Encontre uma área com árvores, arbustos e flores. Feche os olhos e toque nas árvores, no tronco e nas folhas. Preste atenção ao que sente, para que fique gravado na sua memória. Faça o mesmo com as flores e os arbustos. Sinta as diferentes texturas. Tente concentrar-se apenas no tato.

Enquanto estiver fora de casa, abra as mãos com as palmas viradas para fora. Sinta o vento batendo nelas. É uma sensação delicada. Quanto mais você detectar as sutilezas da vida, mais capaz será de contatar os espíritos e mais alegria sentirá.

PALADAR

Embora o paladar seja um sentido geralmente subestimado no desenvolvimento mediúnico, ele é importantíssimo. Este exercício costuma ser o favorito de todo mundo. Para perceber as diferenças entre os paladares, seria melhor lavar a boca depois de provar cada artigo.

Tente este exercício com uma fatia de limão, um pouco de chocolate, uma xícara de café e uma pastilha ou folha de hortelã. Use uma venda e protetores de ouvidos. Comece a provar cada um dos itens. Observe qualquer reação emocional. O gosto é agradável ou não? E a textura?

Tenho certeza de que você conhece a expressão "isso me deixa um gosto ruim na boca". Ela se aplica à nossa sensibilidade intuitiva. É importante ter total percepção do paladar, porque é possível receber impressões mediúnicas através desse sentido.

OLFATO

Dependemos do olfato muito mais do que imaginamos. Há várias maneiras de sensibilizar e ressaltar seu olfato. Primeiro, reúna vários objetos, como um frasco de perfume, uma flor perfumada, incensos, e algumas ervas naturais, como lavanda ou alecrim. Use uma venda nos olhos e protetores nos ouvidos.

Aproxime de seu nariz cada um desses artigos e observe sua fragrância. Qual é a sua reação quando você inala cada aroma? Ele lembra alguma coisa? Muitas vezes os odores nos trazem recordações. Você gosta do cheiro que está sentindo ou não?

Outra técnica é passar um dia inteiro prestando atenção nos aromas. Se puder, anote-os no seu bloco, junto com as sensações ou lembranças correspondentes. Você talvez tenha alguma surpresa com o que perceber. Geralmente os espíritos de nossos entes queridos exalam algum cheiro quando tentam nos contatar pela primeira vez.

Outra maneira de desenvolver seu olfato é através da aromaterapia. Utilizo vários óleos essenciais ou incensos para meditar, purificar e proteger meu espaço. A aromaterapia incorpora elementos naturais de madeira, ervas e flores, e todo odor tem uma certa freqüência ou vibração associada a ele. Portanto, quando empregados corretamente, esses aromas são capazes de elevar seus níveis de energia, ajudando você a alcançar um estado de meditação e protegendo seu ambiente.

O incenso é usado há milhares de anos pelas pessoas enquanto fazem suas preces. Os índios americanos "acendem" seus arredores com um feixe de varinhas de salva para expulsar as vibrações negativas e clarear suas auras. A fumaça que se desprende significa que as orações estão subindo aos céus para serem ouvidas. Muitas tradições religiosas usam incenso e fumaça para purificar e santificar o espaço sagrado antes de realizar uma cerimônia espiritual.

Alcançando um estado alterado de consciência

Comece pelo *trabalho básico preliminar*. Depois, tente relaxar o corpo completamente. Tensione e relaxe cada grupo de músculos, começando com os dedos dos pés e lentamente subindo até a cabeça. À medida que você libera a tensão dos músculos, sente o estresse se dissipando e o corpo relaxando.

Em seguida, concentre-se na sua respiração. A cada inspiração, o relaxamento aumenta. Ao expirar, mande embora as exigências e preocupações do seu dia. Relaxe e simplesmente seja quem você é.

Enquanto continua a respirar, imagine-se descendo uma escada. A cada passo, o relaxamento aumenta e você fica mais em paz. Em cada degrau, repita as palavras *amor, alegria e paz*. Deixe-se penetrar por essas palavras. Observe como se sente ao dizer cada uma delas. Deixe sua mente concentrar-se na palavra. Toda vez que sua mente se dispersar, traga-a de volta e continue dizendo as palavras, suavemente. Sinta seu relaxamento aumentando à medida que desce os degraus. Quando chegar ao fim da escada, você se sentirá num lugar sagrado e seguro.

Sentindo a energia num quarto

Comece com o *trabalho básico preliminar*. Feche então os olhos e abra as mãos para sentir a energia da área. Você vai ter algum tipo de impressão inicial dessa energia, que pode ser emocional, mental ou física. É possível até que você tenha uma sensação auditiva da energia.

Vá até a parte do cômodo que mais atrai você. Ao se aproximar, analise a energia que está captando e descreva-a para si. Ela é densa ou leve? Você sente alguma cor ou forma? Essa energia tem personalidade? A temperatura ambiente mudou? Pode-se percorrer todos os cômodos de uma casa e ter reações muito diferentes em cada um deles. A questão é tomar consciência do tipo de reação que cada lugar provoca e registrá-la na mente ou por escrito.

Se você quiser mudar a energia de um cômodo, vá até o centro dele. Feche os olhos e visualize um enorme sol dourado entrando no local. Os raios do sol enchem o lugar com uma luz amorosa e alegre. Observe como a energia do cômodo mudou, depois que você fez essa visualização.

Liberando a bagagem mental e emocional

As experiências que vivemos no dia-a-dia acumulam em nós uma carga de energia mental e emocional nem sempre positiva. Absorvemos energia das pessoas com quem convivemos e até de estranhos. Quanto mais sensível você é, mais se torna capaz de captar o lixo de outras pessoas. Reter essa energia em seu espaço pode causar perturbação. Por isso, é importante que você avalie diariamente a qualidade de sua energia e elimine qualquer bagagem desnecessária. Este é o próximo passo para se abrir espiritualmente.

Depois de fazer seu *trabalho básico preliminar*, sente-se confortavelmente, com a coluna dorsal reta. Feche os olhos e comece a respirar fundo. A cada respiração, seu corpo fica mais relaxado. Perceba a energia em torno de você. Comece com a área que fica de sete a dez centímetros à sua frente, atrás de você, e dos lados. Vá aos poucos ampliando essa área, mantendo sempre a atenção na energia que está presente. Quando tiver entrado em harmonia com esse espaço, observe se consegue sentir a presença da energia de outra pessoa nele. Tome consciência das emoções. São suas? Ou de outra pessoa? Se não forem suas, envolva-as em luz dourada e afetuosamente mande-as voltar à sua origem. Só permita que penetrem no seu espaço as imagens e emoções que lhe façam bem e promovam seu desenvolvimento espiritual. Em seguida, peça que a energia positiva que você passou aos outros durante o dia volte para você.

A afirmação diária

Tente começar cada dia com uma celebração da vida. Antes de sair da cama de manhã, reserve um instante para agradecer à grande força criativa por lhe dar mais um dia para poder sentir as incríveis maravilhas da vida. Desta forma, os fatos e acontecimentos que lhe pareceriam banais, ou que passariam despercebidos, adquirem um novo sentido. Sempre digo:

> Obrigado, querido Deus, por mais um dia de vida. Que ele me traga todas as experiências necessárias para que minha alma possa aprender e crescer com a proteção da luz do amor e de tudo que é bom.

Assim você começa o seu dia com uma predisposição positiva que irá influenciar tudo o que fizer.

Harmonizando-se com a respiração

À medida que você se envolve profundamente no trabalho para desenvolver sua intuição, fica mais fácil praticá-lo. Este exercício vai ajudar você a penetrar mais fundo em si mesmo. Nos meus círculos de desenvolvimento, sugiro que todos sigam essa técnica.

Toda a vida começa e termina com a respiração. É ela que carrega o prana – ou energia da força da vida – através de nossos corpos. Então, já que a respiração sustenta a vida, é fundamental tomar consciência dela, aprender como usá-la e respeitá-la. Utilize-a para abrir a porta que dá acesso ao invisível. Prestar atenção na sua respiração é o primeiro passo para isso.

Sente-se numa posição confortável e feche os olhos. Vá inspirando e expirando naturalmente, observando apenas, sem querer controlar a respiração. Pouco a pouco, aumente o tempo de cada inspiração e expire todo o ar de uma vez. Continue fazendo isso durante alguns minutos, depois volte a respirar naturalmente. Repare depois como a respiração vai expandir e contrair-se em seu próprio ritmo, semelhante ao refluxo e fluxo das marés do oceano. Não tente controlá-la. Deixe que ela ocorra naturalmente.

Meditação para harmonia mental e emocional

Para abrir-se ao contato espiritual é preciso alinhar-se adequadamente mental, emocional e fisicamente, mantendo o corpo e a mente em harmonia. A meditação seguinte vai ajudar você a encontrar o equilíbrio.

Comece com o *trabalho básico preliminar*. Mantenha constante o ritmo da respiração e perceba que a cada expiração o corpo fica mais relaxado.

Focalize a atenção a partir do seu centro de sabedoria, localizado no terceiro olho. Perceba o espaço energético acima e abaixo de você, bem como à frente, atrás e dos lados. Conheça sua própria energia.

Visualize uma grande rosa cor-de-rosa e veja como ela se abre lentamente, pétala por pétala. Depois use a flor para explorar cada parte do seu espaço energético, começando pela área da cabeça e dos ombros. Ao fazer isso, surge alguma imagem ou rosto? Você escuta ou sente alguma coisa? Essas impressões estão associadas a pensamentos amorosos, felizes e instrutivos? Ou causam medo, tristeza e ansiedade? Se os sentimentos forem estes, coloque a pessoa, situação ou pensamento que os provocou no meio da rosa e veja-a absorver essa energia até que desapareçam as sensações associadas a ela.

Repita o processo em todo o seu espaço energético. Observe que quanto mais você enche a rosa, maior ela se torna. Depois de examinar totalmente seu espaço de energia, deixe a rosa flutuar para longe e dissolver-se em milhares de pedacinhos. Permita que toda a energia volte à origem.

Agora, imagine uma linda luz verde que cerca e filtra seu espaço. Essa luz lhe traz equilíbrio, paz e harmonia. Finalmente, cerque com a luz o espaço energético e encha-o de força, proteção e paz. Agora você pode prosseguir no seu dia com as melhores condições para vivê-lo.

Abrindo as portas da energia

É essencial compreender a importância dos sete principais centros energéticos, ou chakras, para desenvolver as suas habilidades mediúnicas. Os chakras estão sempre girando como um turbilhão de energia e, quando são debilitados por mau uso ou excesso de uso, diminuem de ritmo ou simplesmente param. Se você praticar semanalmente o exercício seguinte, manterá esses centros límpidos e alinhados. Aprender a harmonizar-se com as cores dos chakras vai ajudar a observar as cores da aura.

Sente-se em posição ereta, com os pés bem plantados no chão. Depois de realizar seu *trabalho básico preliminar*, feche os olhos e concentre sua atenção na base da coluna. Aí está localizada a base do sistema energético, conhecida como *kundalini*. Ao focalizar esse local, visualize uma porta. Imagine-a abrindo-se e deixando entrar a cor vermelha. Visualize através da porta esse centro brilhando e queimando vividamente, como uma fornalha. Quanto mais você observa, mais vibrante se torna o vermelho. Este é seu centro de segurança, onde você se sente a salvo.

Agora, visualize o lugar que fica cinco centímetros abaixo do umbigo e veja outra porta se abrir. Desta vez, uma cor laranja vibrante irradia pela porta. Essa área representa a sexualidade. A cor laranja dissolve todas as emoções represadas e sentimentos de culpa que possam estar depositados lá.

Focalize a seguir o estômago e o centro do plexo solar. Abra uma porta nesse lugar e visualize um fluxo amarelo projetando-se para a frente: é o lugar do poder e do instinto. Sinta seu próprio poder dentro de você, enquanto a cor enche totalmente esse centro energético.

Agora vá até a área do coração e visualize outra porta se abrindo, com uma luz verde brilhando: a cor verde nessa área cura qualquer mágoa ou tristeza. À medida que a cor reluz fortemente, sinta o amor pulsando em todas as partes do seu corpo.

Vá até a área da garganta e veja outra porta se abrir, liberando uma luz azul brilhante. Esse chakra é o centro da auto-expressão. Essa cor vibrante vai liberar sua criatividade.

Movimente-se até a área entre os olhos. Veja outra porta se abrir e espalhar-se a cor azul-anil. Essa cor se intensifica e energiza todo o seu centro intuitivo do saber.

Finalmente, vá até o topo da cabeça. Quando essa porta se abrir, um raio violeta aparece: é sua conexão espiritual com o universo. Há luz em todo o seu ser.

À proporção que você explora seus centros de chakras, vê todas as cores girando em uníssono e se fundindo. Agora, visualize uma luz dourada cercando completamente seu corpo e protegendo você. Experimente uma forte sensação de energia, equilíbrio e luz. Demore o tempo que quiser desfrutando este exercício.

Desenvolvendo a intuição e a percepção mediúnica

Quanto mais você pratica o *trabalho básico preliminar*, mais natural ele se torna. Ao se sentir totalmente à vontade com ele, comece as duas meditações seguintes. Mais uma vez, concentre-se na sua energia e coloque sua percepção atrás do centro da testa, no seu terceiro olho. Tome consciência do seu corpo e da energia que flui para cima e para baixo da sua coluna. A meditação anterior com os chakras ajuda você a se abrir para esses exercícios.

O primeiro é uma simples visualização. Comece com o *trabalho básico preliminar*. Quando conseguir concentrar-se e relaxar, imagine-se em posição sentada, tranqüilamente, com uma nuvem branca e fofa um metro acima de sua cabeça. Visualize um cordão puxando você pelo topo da cabeça. Sinta-se erguendo-se para fora do corpo, entrando na nuvem e olhando em volta. Ao olhar para baixo, da altura onde se encontra, terá maior percepção do mundo abaixo de você e da energia em torno. Tome consciência das sensações e impressões que recebe nessa nuvem.

A segunda técnica também começa com o *trabalho básico preliminar*.

Depois que focalizar sua energia, imagine que há dentro de você um centro de controle semelhante a um rádio. Quando você liga o rádio e aumenta o som, sua freqüência cresce. Nessa taxa elevada de vibração, você agora é capaz de detectar e avaliar mais detalhadamente suas impressões, sensações e pensamentos.

O círculo de desenvolvimento

O OBJETIVO

O objetivo de um círculo de desenvolvimento é auxiliar pessoas com mentes semelhantes a desenvolver suas naturais habilidades mediúnicas e suas conexões com o reino espiritual. Devemos reconhecer que o mundo dos espíritos vibra numa freqüência muito superior à do nosso mundo. Portanto, os participantes de um círculo devem aumentar suas vibrações individuais para integrar pensamentos, sensações, palavras e visões dos seres espirituais. O círculo de desenvolvimento ajuda as pessoas envolvidas a expandir sua percepção.

A maior parte das impressões é recebida telepaticamente através de comunicações entre as mentes. Os espíritos só enviam um volume de informações que o médium seja capaz de compreender e, mesmo assim, o sinal pode ser mal interpretado ou a informação transmitida ser vaga e fragmentada. É nesse aspecto que o desenvolvimento do círculo adquire importância. Quando você participa do círculo regularmente, com a ajuda de outros membros, aprende a distinguir entre um pensamento vindo de uma fonte espiritual e outro, originário de seu próprio subconsciente.

O FORMATO

Deve haver um mínimo de quatro e um máximo de doze pessoas num círculo de desenvolvimento. O grupo deve constituir-se de pessoas que se harmonizem e possam trabalhar bem juntas. Para expandir a energia do grupo é preciso que as mesmas pessoas participem todas as semanas. Raramente – isto é, quase nunca – um novo membro deve fazer parte da equipe.

As pessoas devem ser equilibradas e partilhar um desejo sincero de servir à humanidade por meio do conhecimento e da percepção que recebem. As pessoas em busca de poder ou de fama, resultantes das habilidades adquiridas no círculo, não devem participar dele.

O círculo deve se realizar no mesmo local e no mesmo cômodo semanalmente. Se possível, essa área de desenvolvimento não deve ser usada quando o grupo não estiver reunido. Os membros devem sentar-se nas mesmas cadeiras todas as vezes que o grupo estiver em sessão, para ajudar os guias espirituais a compor a energia mediúnica da equipe, que deve se reunir no mínimo durante seis meses consecutivos.

O PREPARO DO LOCAL

Preparar o local para cada sessão é fácil, divertido e instrutivo. Se possível, faça isso pelo menos duas horas antes. Certifique-se de haver ventilação adequada e temperatura agradável. Se quiser, acenda velas e incensos: eles aumentam a freqüência das vibrações do lugar. Pode-se também tocar música suave de fundo antes e durante a reunião.

Posicione as cadeiras de modo que cada pessoa fique de frente para outra no círculo. Os joelhos não precisam tocar-se. As cadeiras devem ser de espaldar duro, mas confortáveis. Não há razão para que o grupo fique de mãos dadas. Mantenha a sala à meia-luz ou deixe-a em total escuridão – esta última opção é preferível, se o objetivo é que haja manifestações físicas.

O PREPARO INDIVIDUAL

Lembre-se de que sua percepção é transmitida a todos do círculo. Portanto, no dia da reunião, mantenha pensamentos afetuosos e pacíficos. Nunca planeje qualquer atividade física que exija demais de você. Se possível, passe o dia descansando e refletindo.

Há algumas restrições alimentares importantíssimas que devem ser observadas nos dias do círculo. Não coma carne vermelha no mínimo vinte e quatro horas antes. A carne contribui para a densidade, e quanto menos um espírito precisar lidar com a densidade, melhor. Isso é importante, porque o espírito vai manipular o chakra do plexo solar de uma pessoa e, se o sistema digestivo estiver bloqueado, o processo poderá ser retardado. Todas as refeições ingeridas no dia de um círculo de desenvolvimento devem ser leves. Não coma pelo menos duas horas antes de participar de um círculo.

Não tome bebida alcoólica no mínimo vinte e quatro horas antes do círculo. Entretanto, água é vital, não só para hidratar o sistema, mas para eliminar quaisquer dejetos mediúnicos que possam existir no sistema. Beba muita água.

Tente usar roupas feitas de fibras naturais, como algodão. Nunca use roupa apertada ou desconfortável. Vestuário solto ajuda o trabalho energético dos seres espirituais e lhe dá melhores condições de concentração.

CONDUZINDO O CÍRCULO

Um círculo precisa de um líder de grupo. Escolha alguém com experiência em conduzir círculos e que tenha desenvolvimento mediúnico. Essa pessoa saberá como acessar a energia dos membros do círculo e onde posicioná-los, dependendo de sua energia. É fundamental que o líder tenha amplo conhecimento dos sistemas energéticos do corpo para que possa ensiná-los aos demais. O líder também treinará os membros na forma de usar a mente.

Acho que é importante o líder dar início à reunião do grupo com uma prece de abertura. O líder pode dizer algo como:

> Queridos amigos espirituais, pedimos que abençoem nosso círculo. Pedimos sua proteção, ao unirmos nossos mundos e permanecermos a serviço dos espíritos. Nós lhes pedimos que envolvam este círculo com a energia da luz e do amor eternos.

ASPECTOS FÍSICOS

Sempre me perguntam: "Por que o processo de desenvolvimento é tão demorado e trabalhoso?" Lembre-se de que você não está apenas desenvolvendo sua percepção mental. Os sistemas endócrino e glandular estão também sendo estimulados e sobrecarregados. Portanto, o processo precisa ser lento e consistente. Nada deve ser feito rapidamente, para não prejudicar ou chocar os sistemas corporais. Quando os médicos espirituais trabalham em cada membro do círculo, qualquer debilidade do corpo dessa pessoa vai ser fortalecida para ajudar o contato com os espíritos.

Reparei que, durante os primeiros meses de vários de meus círculos, muitas pessoas parecem muito mais emotivas do que o normal. Isso acontece porque seu corpo emocional está sendo renovado, fundido e equilibrado com seu corpo mental, físico e espiritual. Como se fosse um carro que se calibra para que renda o máximo. Assim, o processo deve ser lento e deliberado. *Paciência é a chave do processo.*

DENTRO DO CÍRCULO

Depois da prece do líder, os membros devem alternar-se dizendo suas preces em voz alta. Isso vai partilhar sua energia com a de cada um dos outros. Ao mesmo tempo, a voz de cada membro ajuda a elevar as vibrações do grupo como um todo.

Quando as preces terminarem, o grupo deve ficar em silêncio. Recomendo que se faça o exercício de respiração para elevar os pensamentos a um nível superior e que cada um se concentre na palavra *amor*.

No início, você pode sentir que a temperatura muda e que há uma sensação de movimento de entrada e saída do seu corpo. Isso é normal. É muito provável que um espírito esteja manipulando seu campo áurico e os sistemas energéticos. Depois de um breve período, pensamentos aparentemente irracionais podem passar por sua cabeça. Não os julgue, sinta-os apenas e deixe que venham e vão.

Durante o trabalho do círculo, talvez você tenha vários pensamentos. A princípio, podem parecer idéias normais do dia-a-dia. Logo, porém, você talvez repare que está recebendo impressões e pensamentos que não se originam em sua mente e pertencem a outra pessoa. Quando isso ocorrer, tente reter essas mensagens, para, no final, partilhá-las com os outros membros.

O líder do círculo vai sentir a energia se compor e saberá quando o trabalho de cada sessão estará concluído. Com cuidado e suavidade, o líder orientará os membros para que voltem a perceber o local e seus corpos. É hora então de compartilhar alguma impressão que tenha recebido.

Quando todos acabarem de falar, o líder encerrará a sessão com uma prece, para agradecer aos espíritos o trabalho realizado. Se os membros quiserem, também podem fazer uma prece de agradecimento. Ao deixar o círculo, cada um leva as percepções e conhecimentos obtidos, para utilizá-los no dia-a-dia.

Lendo a aura

Sempre comece com o exercício básico. Para este exercício, a luz no local deve ser muito fraca. Você pode trabalhar com um parceiro e usar um fundo branco ou de cor clara atrás dele. Sente-se alguns metros à frente do seu parceiro e peça que ele se concentre e mande energia pelo topo da cabeça.

Se é você quem está lendo a aura, feche os olhos. Em seguida, lentamente, comece a abrir os olhos, mantendo-os ligeiramente fora de foco. Concentre-se em olhar somente acima da cabeça do seu parceiro, até começar a ver o esboço da aura. Peça a seu parceiro que envie energia para outras partes do próprio corpo e observe essas áreas. Repare se a energia, que pode aparecer como uma névoa branca, fica mais concentrada em certos locais.

Se quiser começar a ver a própria aura, sente-se em frente a um grande espelho num cômodo mal iluminado, com a luz atrás de você. Feche os olhos e em seguida abra-os levemente. Comece a olhar para o topo de sua cabeça e para seus ombros. Semicerre os olhos até ver um vapor leve e tênue ao seu redor.

Pratique este exercício até conseguir ver um esboço mais definido da aura. À medida que continuar, vai começar a perceber padrões energéticos distintos em volta do corpo.

Fortalecendo a aura

Quanto mais saudáveis somos física, mental, emocional e espiritualmente, mais forte é o campo energético que nos cerca e apóia. Uma aura debilitada é resultado de uma dieta incorreta, pouco ou nenhum exercício, falta de descanso, emoções negativas, estresse e preocupação, excesso de drogas e álcool, pensamentos negativos e proteção mediúnica inadequada.

Nossos pensamentos têm um efeito incrível sobre a aura. O pensamento pode funcionar como um pincel de pintura, dando uma pincelada sutil ou fazendo um borrão de tinta. A técnica a seguir, se feita regularmente, pode ajudar a fortalecer seu campo áurico.

Depois de seu exercício de *trabalho básico preliminar*, imagine-se num jardim cheio de cores vivas. Acima de sua cabeça está um sol dourado. Um de seus raios toca o topo de sua cabeça e penetra em seu corpo. Enquanto ele se movimenta em seu corpo, da cabeça aos pés, sinta sua energia e diga a si mesmo: *Sou a luz de Deus.*

Depois, imagine que seu corpo é feito de malha transparente e que toda a luz percorre seu corpo como se estivesse sendo filtrada pelos furos da malha. Observe a luz ficar mais brilhante e forte quando se dirige a cada centro de energia, redespertando cada um deles com seu reluzir.

Quando a luz chega à sola dos seus pés, visualize-a girando para cima e em torno do seu corpo. Essa luz giratória se transforma nas cores do arco-íris, envolve o corpo inteiro e o espaço além dele. Quando ela sair pelo topo de sua cabeça, repita a afirmação *Sou a luz de Deus.* Uma luz que nos deixa fortalecidos.

Proteção contra pensamentos e emoções negativos

Este exercício tem como objetivo proteger de vampiros mediúnicos e de quaisquer circunstâncias que esgotem sua energia. Devemos utilizá-lo quando nos sentimos mais cansados do que o normal, ou quando achamos que tivemos contato com uma pessoa que nos sugou a energia. Sempre que sinto um obstáculo no meu campo áurico, recorro ao que chamo de "módulo de sobrevivência" e faço imediatamente o exercício que segue.

Primeiro, procuro voltar ao meu centro, fazendo o exercício de *trabalho básico preliminar*. Em seguida, imagino um cone de luz no lado direito e no esquerdo, que aumentam e me iluminam inteiramente. Eu me concentro em ficar completamente "vedado", para que nenhuma energia inferior possa penetrar no meu campo de força. Aí focalizo essa luz e a imagino expulsando ou desviando pensamentos e energias negativas. Imagino esse escudo devolvendo as más vibrações à sua origem. Este exercício pode ser feito sem que ninguém perceba. Por isso, se sei quem está roubando minha energia, e se essa pessoa está na minha presença, ocorre uma mudança imediata e perceptível no seu comportamento depois que faço este exercício. A pessoa começa a se sentir pouco à vontade e na maioria das vezes se afasta de mim ou vai embora do local.

Limpando a aura

Existem dois exercícios excepcionais que faço para limpar a aura.

O primeiro ritual se realiza quando tomo banho de manhã. Fico debaixo do chuveiro e imagino que o jato de água é um raio de luz dourada, curativa e amorosa. Essa luz me envolve todo e elimina quaisquer impurezas psíquicas ou energia pesada de dentro do meu corpo e em todo o meu campo energético. Qualquer energia que não esteja em harmonia comigo é expulsa por meio dos dedos dos pés e das mãos e vai direto para o ralo do boxe.

O segundo método eficaz consiste em visualizar uma lanterna potente que funciona como um aspirador de pó. Depois de me concentrar, imagino o raio dessa lanterna em frente à minha cabeça. Ele percorre a cabeça e os ombros. Ao fazer isso, o raio age como um aspirador e suga toda energia desconhecida para um receptáculo que fica no lado de trás da lanterna.

Quando o receptáculo está cheio, eu me imagino desaparafusando a parte de trás da lanterna e vendo as impurezas ali depositadas saírem e voltarem à origem. Este exercício deixa a aura brilhando, de tão limpa. Quanto mais ele for repetido, melhor.

Preparando a aura para o contato com os espíritos

A maioria das atividades mediúnicas depende muito da sensibilidade da aura. Pense na aura como uma antena de satélite se harmonizando com ondas de energia que entram em contato com ela. Desta forma compreendemos que, quanto mais sensíveis formos, mais poderemos ser impressionados pelos espíritos. A sensibilidade virá por meio da prática das técnicas que já descrevi. Descobri que quando temos um coração generoso e aberto é mais fácil nos harmonizarmos com as freqüências dos mundos celestiais.

Para ajudar a aura a ficar receptiva ao contato com os espíritos, comece pelo *trabalho básico preliminar*. Depois, use a respiração como um "medidor de luz". Respire através do centro de sua cabeça, e a cada inspiração imagine a entrada de uma luz dourada e visualize, ao mesmo tempo, um medidor de luz suspenso à sua frente. Os números do medidor vão de um a dez. Dez é a freqüência maior, ou a mais receptiva aos espíritos, e um é a menor freqüência.

A cada inspiração dourada, veja o ponteiro do medidor de luz subir um número. Visualize a luz entrando em contato com cada músculo, órgão e célula. Quando chegar ao número dez, terá promovido a abertura necessária para que os espíritos entrem em contato com você.

Pode visualizar uma escada em vez do medidor de luz. A cada degrau que você sobe, sua sensibilidade aumenta. Quando alcançar o décimo degrau no alto da escada, você vê uma porta atrás da qual os espíritos estão esperando para entrar em contato com você. Abra a porta e fale com eles, reparando na aparência física que têm. Você os reconhece? Preste atenção a uma mensagem de um ou mais dos espíritos. Este exercício funciona lindamente em conjunto com a abertura das portas de energia dos chakras.

Fazendo contato por meio dos sonhos

Freqüentemente os espíritos nos mandam mensagens através dos sonhos: são informações importantes sobre nós mesmos e o mundo em que vivemos. Quantas vezes você já teve num sonho uma premonição que se tornou realidade? E a impressão de ter sonhado com algo que está lhe acontecendo agora? Se você costuma ter o mesmo sonho repetidamente, é provável que haja nele uma mensagem. Existem dois exercícios que julgo úteis para incentivar a intuição e a comunicação nos sonhos.

Mantenha um diário dos seus sonhos ou um gravador ao lado da cama, para registrar seus sonhos. Antes de adormecer, faça o *trabalho básico preliminar*. Concentre-se então numa pergunta que você gostaria que o espírito respondesse ou apresente-lhe um problema que precisa de solução. Pode ser algo como "Mostre-me aonde minha carreira vai me levar" ou "Gostaria de que meu guia espiritual ou meu parente espiritual se revelasse a mim num sonho".

Especifique o mais possível o que deseja e repita suas perguntas ou declarações até adormecer. Os resultados talvez não aconteçam na mesma noite. Espere algumas semanas ou até mais para obter resultados, especialmente se você está começando com essa experiência. Sempre que for possível, anote pela manhã os sonhos daquela noite, pelo menos o que você lembrar, mesmo que seja apenas uma sensação ou palavra. Se você se dedicar realmente a trabalhar com seus sonhos, vai verificar que eles podem ser de grande auxílio para oferecer soluções a seus problemas cotidianos.

Psicografia automática

Muitas vezes as pessoas recebem mensagens através da escrita sem se darem conta. É assim que grandes escritores, compositores e artistas são inspirados pelo mundo dos espíritos. E isso pode ocorrer com você também.

Sente-se à mesa numa sala pouco iluminada. Ponha um bloco e vários lápis na mesa. Comece com o *exercício básico preliminar*. Se você está trabalhando com um parceiro, faça com que ele se sente à sua frente ou em outra parte da sala. Peça a ele que escreva alguma coisa num pedaço de papel ou pense em algo para lhe transmitir telepaticamente.

Sente-se com olhos fechados ou entreabertos. Pode usar uma venda, se quiser. Ao segurar o lápis levemente, visualize um lago lindo e sereno à sua frente. Tudo ao seu redor é pacífico e livre. Quando atingir um estado de relaxamento, escute as palavras que lhe vierem à mente e as escreva. Pode ser que você comece a movimentar o lápis sem sequer estar consciente disso. Quando sentir que a energia que está recebendo vai diminuindo, é hora de parar.

Acenda a luz e leia a mensagem. Se estiver com outra pessoa, compare o que você escreveu com a mensagem enviada telepaticamente por ela.

No começo do processo, as letras parecerão garranchos ilegíveis. Continue treinando. Lembre-se de que os espíritos devem habituar-se a utilizar você como instrumento deles. Se você não os conhece ainda, eles também não conhecem você.

Definindo e liberando espaço em casa ou no escritório

Em geral, a primeira coisa que fazemos ao nos mudar para um novo local – seja uma casa, um apartamento ou escritório – é limpar o espaço. As paredes são pintadas, a cozinha e os banheiros, limpos, e os tapetes, lavados. Talvez forremos as prateleiras dos armários e as gavetas. Por que todo esse trabalho? É simples: não queremos conviver com a sujeira de quem já morou ali. Queremos criar nosso próprio ambiente, um lugar que nos seja agradável.

Se despendemos tanto esforço no nível físico, por que não fazemos o mesmo no nível energético? É muito importante imprimir no ambiente em que você vive ou trabalha o seu modo de ser. Se você fizer isso, a energia do lugar estará em harmonia com você. Quero partilhar uma técnica que utilizo sempre que me mudo para uma residência nova. Você pode usar este exercício mesmo que more na mesma casa ou trabalhe no mesmo local há anos. Pode usá-lo também em qualquer outro espaço que você queira livrar de energias indesejáveis.

1. Comece colocando para tocar música bonita e suave. Escolha canções que tenham a ver com você, mas nada que seja violento, barulhento, nem com letras negativas. Seu objetivo é eliminar a energia de distúrbios e perturbações.

2. Encontre o centro do espaço que deseja "limpar". Pode ser uma sala de estar ou o centro de um escritório. Considere esse centro como o coração do espaço. Comece por aí. Agora, você vai determinar a energia dessa área e fazê-la sua.

3. Comece com seu *trabalho básico preliminar.* Continue harmonizando-se com seu próprio campo energético áurico. Em seguida, com o olho de sua mente, imagine sua aura expandido-se para abranger todo o espaço. Observe a luz de sua energia enchendo todos os cômodos e energizando-os. Isso estabelece sua própria energia no local. Visualize então o sol brilhando sobre o edifício. Você pode até imaginar o prédio dentro do centro do sol. A energia do sol representa a luz de Deus: a luz de amor puro, alegria, felicidade e paz. Imagine os alicerces do edifício ligados a enormes tubos que o prendem ao centro da Terra. Veja as energias negativas, desequilibradas, estranhas, excessivas e indesejáveis fluindo por essa tubulação e saindo, enquanto a luz dourada do sol continua a encher o prédio. Assegure-se de que todos os cantos estejam limpos e purificados e que todo elemento negativo ou prejudicial tenha sido eliminado pelos tubos.

4. A parte seguinte deste exercício é mais física. Sempre que quero livrar uma casa de espíritos indesejáveis, utilizo incenso, um bastão de salva e uma grande vela branca. Acenda o incenso e a vela. Use um queimador de incenso ou um recipiente cheio de areia para firmar o incenso. Coloque a vela acesa num castiçal que retenha a cera e coloque-a atrás da porta da frente, junto com o incenso. Depois, acenda a salva, que vai começar a queimar. A fumaça vai agir como uma força neutralizadora quando você entrar em cada cômodo com a intenção de eliminar qualquer elemento negativo que tenha permanecido. Quando entro em cada local, eu me imagino enviando minha luz para lá, para remover toda a energia de qualquer outra pessoa. Caminhe pelo cômodo e declare que ele é seu espaço. Costumo dizer: somente proteção, amor e paz podem entrar por essas janelas e portas. Em seguida, ande pelo cômodo e empurre a energia para a porta principal da casa, onde está a vela. Afaste mentalmente a energia em direção à porta da frente da casa. Você pode usar a fumaça da salva e fazer gestos como se estivesse limpando o espaço. Percorra com vagar cada um dos cômodos. Quando achar que já cuidou de toda a área da casa ou do escritório, vá até a vela na porta principal. A vela acumulou as energias negativas e indesejáveis. Apague-a e jogue a vela e a cera derretida no lixo. Dessa forma, você está eliminando todos os restos da energia estagnada que por acaso ainda houver.

Lembre-se de fazer todos esses exercícios com crença e determinação. Contatar as forças invisíveis não é algo que possa ser feito irresponsavelmente, ou como um jogo para divertir seus amigos. Você está contatando energias e seres muito reais, que se encontram em planos diferentes, e não há de querer evocar nada negativo nem prejudicial. Por favor, tenha o maior cuidado com o que fizer. Sempre se rodeie da luz de Deus antes de trabalhar com os reinos invisíveis. Certifique-se de ter pensamentos positivos e manter sua calma e equilíbrio.

Se você deparar com uma entidade astral negativa em seu desenvolvimento, sempre visualize a luz ao seu redor, como um espírito protetor. Pergunte ao ser: Você veio da Luz? Se ele não veio, vai sair do seu espaço. Nunca faça esses exercícios em estado de extremo cansaço físico, depois de utilizar álcool ou drogas, ou de fazer qualquer coisa que sugue sua energia. Concentre-se em suas tarefas, mantendo a consciência alerta.

EPÍLOGO

O que percebemos com nossos cinco sentidos é apenas a ponta do *iceberg*. Imagine a perspectiva de um avião, a dez mil metros acima da Terra. Milhões de pessoas partilham essa perspectiva todos os dias. Nossa visão da vida muda a essa altitude. Vemos um mundo muito maior do que o que enxergamos dos nossos carros. Pode-se dizer que o mundo aumentou, mas nada mudou: só nosso ponto de vista.

O mesmo acontece com nossos relacionamentos e situações. A única coisa que podemos alterar é a forma como vemos essas coisas. Quando compreendemos que nossas atitudes de ignorância, egoísmo, competitividade e medo criam resultados negativos em nossas vidas, temos a opção de mudar nossos pensamentos e crenças. Se escolhermos livrar nossa mente de expectativas negativas e preconceituosas, veremos a vida de um ponto de vista completamente novo, cheio de luz e esplendor espiritual. Então, em vez de infelicidade, à medida que nos desenvolvermos e cultivarmos pensamentos elevados e carinhosos, criaremos condições e experiências de natureza positiva. Dessa nova perspectiva, descobriremos nosso eu verdadeiro no fundo do nosso coração. Acredito que, quando isso acontece, começamos a viver verdadeira e plenamente.

A maioria de nós foi condicionada a separar a vida em diferentes segmentos: família, emprego, dinheiro, relacionamentos, criatividade, religião, etc. É pena que façamos assim, porque isso provoca uma sensação de isolamento, que não é verdadeira, porque estamos todos ligados, mesmo que não nos demos conta. Quando começarmos a redespertar os instintos que Deus nos deu e a utilizar todos os instrumentos que nos foram concedidos, começaremos a encontrar as conexões que temos procurado. Difundiremos nossa verdade em tudo o que fizermos e alcançaremos a plenitude em todos os aspectos das experiências da vida.

Lembre-se: estamos numa jornada pela vida, procurando equilibrar as ilusões do mundo material e a verdade, que é o espírito. Somos todos seres espirituais numa viagem em direção à Luz. Ao atravessar o véu da ilusão e penetrar na grande conexão divina do universo, descobriremos que não existe separação entre céu e Terra. A realidade é só *uma.*

CONHEÇA OUTROS TÍTULOS DE JAMES VAN PRAAGH

EM BUSCA DA ESPIRITUALIDADE

O autor nos leva a uma viagem da alma através do tempo para revelar os mistérios do mundo espiritual e do processo da reencarnação, mostrando, entre outras coisas, o que acontece na morte e como uma alma escolhe o seu renascer.

Relatando tocantes histórias da comunicação após a morte, Van Praagh demonstra de que forma nossas energias espirituais podem ser bloqueadas por emoções negativas, como a culpa e o medo. Ele ensina exercícios e meditações que ajudarão a nos manter centrados e oferece as chaves para desenvolver o nosso crescimento espiritual e o de nossos filhos.

A FORÇA DA VIDA

"Venho sendo abençoado por ser um instrumento de contato entre as pessoas e seus entes queridos que estão do outro lado. Iluminado pela visão daqueles que fizeram a travessia até os territórios espirituais, desejo partilhar com vocês essa luz para ajudá-los a superar o sofrimento e a perda, e para afirmar-lhes a extraordinária força de superação que a vida tem."

James Van Praagh

CONVERSANDO COM OS ESPÍRITOS

Neste livro, você compartilhará diversas histórias tocantes sobre a comunicação depois da morte, como a da mãe que reencontra esperança e razão para viver nas palavras meigas, mas corajosas, de sua filha, vítima da AIDS. O que esses espíritos contam sobre si, sobre um maravilhoso lugar de paz e de luz e sobre laços eternos de amor nos inspira e enche de emoção.

Consciente da dor e da angústia que a morte causa, Van Praagh oferece meios de lidar com a perda de maneira positiva e saudável. Ele mostra como entrar em contato com o reino espiritual, conhecendo seus espíritos-guias e identificando os sinais que seus entes queridos estão sempre enviando para você.

EM BUSCA DO PERDÃO

"As histórias e reflexões deste livro têm por objetivo desenvolver em você um dom que todos nós recebemos, mas que a rigidez de nossa formação muitas vezes bloqueou: o dom de perdoar, de ter compaixão e de tratar a si mesmo e aos outros com amor.

Para isso ofereço essas meditações que têm o poder de curar e de transformar, cultivando em você uma nova consciência voltada para o crescimento e para a felicidade."

James Van Praagh

Inclui CD com exercícios de meditação.

CONHEÇA OUTROS IMPORTANTES TÍTULOS DA EDITORA SEXTANTE

BRADLEY TREVOR GREIVE
- Um Dia "Daqueles" – Uma lição de vida para levantar o seu astral
- Querida Mamãe, Obrigado por tudo
- O Sentido da Vida
- Em Busca do Príncipe Encantado

BRIAN WEISS
- A Cura através da Terapia de Vidas Passadas
- A Divina Sabedoria dos Mestres
- Os Espelhos do Tempo
- Meditando com Brian Weiss
- Mensagens dos Mestres
- Muitas Vidas, Muitos Mestres
- Só o Amor é Real

IYANLA VANZANT
- Esperando o Amor Chegar
- Enquanto o Amor Não Vem
- Um Dia Minha Alma se Abriu por Inteiro
- Ontem, Eu Chorei

DAVID NIVEN
- Os 100 Segredos das Pessoas Felizes
- Os 100 Segredos das Pessoas de Sucesso

AUGUSTO CURY
- Você é Insubstituível
- Revolucione Sua Qualidade de Vida

LOUISE HAY
- Meditações para a Manhã e para a Noite (acompanha CD com exercícios de meditação)
- Cultivando a Saúde do Corpo e da Mente (acompanha CD com exercícios de meditação)
- Aprendendo a Gostar de Si Mesmo (acompanha CD com exercícios de meditação)

SYLVIA BROWNE
- O Outro Lado da Vida
- A Vida no Outro Lado

CAROL BOWMAN
- Crianças e Suas Vidas Passadas

BRUCE FEILER
- Pelos Caminhos da Bíblia

INFORMAÇÕES SOBRE OS PRÓXIMOS LANÇAMENTOS

Para receber informações sobre os próximos lançamentos da EDITORA SEXTANTE, queira entrar em contato com nossa Central de Atendimento, dando seu nome, endereço e telefone para:

EDITORA SEXTANTE
Rua Voluntários da Pátria, 45 – Gr. 1.404 – Botafogo
22270-000 – Rio de Janeiro – RJ
Tel.: (21) 2286-9944 – Fax: (21)2286-9244
DDG: 0800-22-6306 (ligação gratuita)
E-mail: atendimento@esextante.com.br

Para saber mais sobre nossos títulos e autores, e enviar seus comentários sobre este livro, visite o nosso site:

www.esextante.com.br

PAPEL

CHAMOIS·BULK alta performance alcalino

Esse livro foi impresso em papel Chamois Bulk Alta Performace Dunas 90g/m² da Ripasa S/A Celulose e Papel produzido a partir de floresta plantada de eucalipto.